乡村振兴背景下
社会组织的旅游实践

杨莹 著

U0330474

中山大學出版社
SUN YAT-SEN UNIVERSITY PRESS

·广州·

图书在版编目（CIP）数据

乡村振兴背景下社会组织的旅游实践/杨莹著. —广州：中山大学出版社，2023.3

ISBN 978 - 7 - 306 - 07740 - 0

Ⅰ.①乡…　Ⅱ.①杨…　Ⅲ.①乡村旅游—旅游规划—研究—中国　Ⅳ.①F592.3

中国国家版本馆 CIP 数据核字（2023）第 031267 号

出 版 人：王天琪
策划编辑：杨文泉
责任编辑：杨文泉
封面设计：曾　斌
责任校对：靳晓虹
责任技编：靳晓虹
出版发行：中山大学出版社
电　　话：编辑部 020 - 84110283，84113349，84111997，84110779，84110776
　　　　　发行部 020 - 84111998，84111981，84111160
地　　址：广州市新港西路 135 号
邮　　编：510275　　传　　真：020 - 84036565
网　　址：http：//www. zsup. com. cn　E-mail：zdcbs@ mail. sysu. edu. cn
印 刷 者：广东虎彩云印刷有限公司
规　　格：787mm×1092mm　1/16　12.5 印张　223 千字
版次印次：2023 年 3 月第 1 版　2023 年 3 月第 1 次印刷
定　　价：45.00 元

本书的写作与出版得到国家自然科学基金青年项目"乡村旅游地社会组织的空间实践与地方效应研究"（42001143）的资助。

目　　录

第一章 绪论

一、研究背景

（一）现实背景

1. 旅游振兴乡村的双重困境

2018 年 9 月，国务院印发《乡村振兴战略规划（2018—2022 年)》，号召大力发展休闲农业和乡村旅游精品工程，发展生态旅游等产业，形成特色资源保护与村庄发展的良性互促机制。在国家大力提倡乡村振兴的背景下，旅游凭借创造就业机会、带动乡村劳动力回流、激发村民地方自豪感、保护乡土文化等优势，成为实现乡村振兴战略的重要途径之一。

然而，纵观国内乡村旅游的发展过程，有些村落依靠旅游开发实现振兴的同时，却迎来激烈的社区冲突和矛盾。有的是因为景区门票分红问题产生分歧，有的是因为征地补偿未能达成一致意见而爆发冲突，还有的则是因为房屋租金协商未果而出现矛盾。此类事件不胜枚举，斗争的主体主要集中在社区与外来公司或小企业主之间。

有学者认为旅游企业秉持的是新自由主义和发展主义的开发理念，一味追求经济利益，除了传统经济考量指标之外，没有其他方法可以评估目的地发展水平或者居民的生活质量。[①] 这种长期推行的依赖外来企业等援助的外源式发展（exogenous development）策略，往往并不能带来乡村地区的可持续发展，甚至因为这类主体的急于求成，使当地村民的需求和声音被无视，最终会弱化

---

① WEARING S, PONTING J. Reply to Jim Butcher's response to building a decommodifed research paradigm in tourism: the contribution of NGOs' [J]. Journal of Sustainable Tourism, 2006, 14 (5): 512 –515.

村民的自我发展能力和主体意识。① 与之相对的一种发展模式，是以社区为主体的内生式发展（endogenous development）理念。

"内生式发展"理念的提出始于 1975 年，最早以"另一种发展"的表述被提出。20 世纪 60 年代末 70 年代初，越来越多的人意识到对发展中国家存在的问题了解得太少，传统的发展援助对当地的帮助甚微，实际上其往往加剧了贫穷、破坏了自然资源和生态环境。面对这种情况，Dag Hammarskjöld 基金会开始探讨营养、儿童保育、农村发展、难民问题和国际经济合作等方面的新办法，并研究了可持续土地管理和向当地居民提供函授课程的可能性。1975年，Dag Hammarskjöld 基金会负责一项发展与国际合作项目（the 1975 Dag Hammarskjöld Project on Development and International Cooperation），在随后召开的联合国大会发展问题特别会议上，该基金会递交了一份名为《现在该怎么办：另一种发展》（What Now：Another Development）的报告。报告中指出"另一种发展"包括五个特点：①需要导向的（need-oriented），旨在满足人类的物质和非物质需求；②内生的（endogemous），源于每个社会的核心，是在主权范围内定义另一种发展的价值和未来的远景；③自力更生（self-reliant），依靠追求另一种发展的社会自身的力量和资源，在每个社区的实践中植根于地方一级；④生态健全（ecologically sound），利用合理的资源，与环境和谐相处；⑤建立在结构转变的基础上（based on structural transformations），来源于自我管理条件的实现和所有人参与决策。② 进入 80 年代，联合国教科文组织与联合国大学针对这种内生的"另一种发展"进行了深入研究，形成了诸多有益的成果，包括对内生式和外源式两种不同发展模式的比较，以及对古典经济学的反思，逐渐推动了内生式发展理念的形成。③

这种内生式发展的理念是好的，但在现实语境中却面临着难以落地的困境。费孝通在《乡土中国》中写道："中国乡下佬最大的毛病是'私'"④，这个"私"是以家庭而非个人为单位的。因此，"家"构成了乡村居民最基本的

　　① 郭艳军，刘彦随，李裕瑞. 农村内生式发展机理与实证分析：以北京市顺义区北郎中村为例[J]. 经济地理，2012（9）：114－119.
　　② TRZYNA T. Convening thinkers and doers［M］// MELBER H. Development dialogue：50 years Dag Hammarskjöld Foundation. Uppsala：X-O Graf Tryckeri，2012：107－118.
　　③ 黄超超. 浙江省乡村旅游内生式发展探讨：以"山沟沟"为案例的行动者网络构建［D］. 杭州：浙江大学，2007.
　　④ 费孝通. 乡土中国［M］. 北京：北京大学出版社，1998.

认同单位。对于传统中国的乡村治理来说，由于"皇权不下县"，国家政权实际上并不能真正触及乡土社会的方方面面，而家庭由于单位偏小也无力独自解决很多公共事务。在国家与家庭之间，村落的地缘与宗族的血缘成为实现公共事务治理、维系村庄认同的重要工具。所以，传统的乡村社会存在着一种双层认同，即家庭认同之外还有一种以宗族或者村庄为核心的基本认同单位，它以乡约民规、宗族法规以及道德舆论等规范约束村民的行为，从而确保乡村公共物品的供给得到有效落实。① 但是，在现代性的冲击下，乡村传统的功能性组织被摧散，传统的地方性规范被不断消解，以宗族或村庄为核心的认同逐渐淡化。尤其是改革开放以后，大量农村青壮年离开故土常年在外务工，农村空心化日趋严重，导致乡村社会的运作逻辑不同于费孝通笔下的"熟人社会"，变成了"无主体熟人社会"。这一变化除了导致"舆论失灵""面子贬值""社会资本流失""熟人社会特征的周期性呈现"等量变之外，还带来了村庄主体性、公共性和归属感之缺失的质变。② 日益原子化的乡村，除内生发展动力天然不足之外③，还存在着资源和能力等其他客观条件的制约。

所以，在乡村振兴的背景下，如何解决外来企业主导的外源式发展引致的旅游社区冲突和矛盾，以及社区自身内生发展动力和能力不足的双重困境，最终实现乡村的可持续发展和善政良治，是一个亟待关注和思考的问题。

2. 社会组织参与旅游实践的障碍

面对前述外源式发展引发的冲突，内生式发展又动力不足的困境，需要在市场之外寻求其他力量参与发展。于是，人们开始寄希望于专家学者、公共话语媒介、社会组织等第三方力量，希望这些群体能够适当约束资本的不良行为，促进社区参与的实现。④ 因此，从本质上来说，第三方力量的参与也是一种外源式发展模式，但其特殊性在于最终通过外援的撬动实现内生式发展的终极目标。社会组织引导的旅游发展是一种典型代表。例如，诞生于英国的Toursim Concern 是目前世界上规模最大的旅游 NGO（non-governmental organization，非政府组织），其致力于倡导道德旅游的发展。除了支持基层活动之外，

① 贺雪峰. 农民行动逻辑与乡村治理的区域差异 [J]. 开放时代, 2007 (1)：105 – 121.
② 吴重庆. 无主体熟人社会 [J]. 开放时代, 2002 (1)：19 – 25.
③ 贺雪峰. 农民行动逻辑与乡村治理的区域差异 [J]. 开放时代, 2007 (1)：105 – 121.
④ 孙九霞. 旅游人类学的社区旅游与社区参与 [M]. 北京：商务印书馆, 2009：299 – 305.

机构还注重编写报告和具有教育性质的材料，宣传更加可持续的旅游发展方式；还在英国甚至世界范围内游说产业和政府，开展公共宣传活动，最大限度地降低旅游业给东道主社区带来的负面影响。① 近年来，从国际情况来看，支持旅游项目并为旅游业发展提供技术援助的社会组织有很多，包括非洲开发银行和美洲开发银行、欧洲联盟及联合国开发计划署、联合国教科文组织和联合国贸易与发展会议等在内的许多联合国机构，以及世界银行和联合国世贸组织等多边机构，还有荷兰发展组织、德国技术合作署等双边捐助者，这些组织和机构都直接参与了发展中国家旅游业提升的行为活动。②

从中国现实来看，社会组织也开始逐渐在乡村旅游中发挥作用。近年来，中央政府先后出台一系列政策文件鼓励社会组织助力乡村脱贫和振兴。如2017 年12 月，国务院扶贫开发领导小组进一步颁布《关于广泛引导和动员社会组织参与脱贫攻坚的通知》（国开发〔2017〕12 号），引导和动员社会组织参与脱贫攻坚，明确提出支持社会组织以休闲农业和乡村旅游的形式促进贫困地区的发展，并且对参与扶贫济困的活动给予税收减免、信贷支持、行政事业型费用减免等优惠政策。2022 年，文化和旅游部联合国家乡村振兴局等6 部门在印发的《关于推动文化产业赋能乡村振兴的意见》中表示，鼓励文化和旅游领域智库、研究机构、行业协会及各类公益组织、公益基金等积极参与文化产业赋能乡村振兴工作。因此，越来越多的社会力量开始投身乡村，参与乡村地区的发展，成为振兴乡村的一股新兴力量。

旅游，是社会组织助力乡村振兴的一种重要途径。如中国志愿服务基金会下设精准扶贫与乡村振兴专项基金，通过文化旅游项目促进地方脱贫；中国乡村发展基金会（原中国扶贫基金会）创建"百美村宿"项目，以高端民宿的打造带动贫困地区的旅游发展；山东省旅游行业协会根据自身业务特点和专长优势，选择淄博沂源县洋三峪村、中郝峪村，潍坊昌乐县庵上湖村，济南章丘石子口村，泰安肥城市等区域，开展帮扶合作，与山东大学文化和旅游学系联合设立"三零小院"（零时差、零距离、零收费）乡村旅游辅导站，推动乡村旅游高质量发展，助力乡村振兴。无论具体的旅游参与形式如何，这些社会组

---

① 资料来源：Tourism Concern 官网，https：//www. tourismconcern. org. uk/how – we – work/，2018 – 10 – 10。

② SCHEYVENS R. Tourism and poverty reduction ［M］// SHARPLEY R，TELFER D J. Tourism and development：concepts and issues（the 2nd Edition）. Bristol：Channel View Publications，2015：118 – 139.

织的最终目的都是试图通过旅游的介入促进乡村振兴和地方经济的发展。

　　同其他诸如以生态环境保护、教育、妇女儿童、公共卫生等为组织业务的社会组织相比，以旅游开发的方式介入地方的社会组织似乎更契合地方的发展期待。因为"经济增长是社会进步之先决条件"的观念曾在一定时期内主导了我国的社会变迁，在这种发展主义（developmentalism）政策范式的导向下①，旅游开发显然更符合地方经济发展的诉求。然而不得不承认的是，尽管以旅游开发的方式介入地方似乎更符合地方的经济利益诉求，国家也出台了政策倡导社会组织助力乡村振兴，但是中国社会组织的发展还不够完善，具体的实践案例仍然较少②，这些限制了学界对这一群体的深入了解。

　　此外，社会组织在现实中也存在着实践效果难以维持的吊诡现象。在2017 年举办的"中国公益新势力论坛"上，中国乡村发展基金会秘书长刘文奎在主题报告中提到，基金会做了很多社区综合发展项目，但"项目结束之后，随着专家和工作人员的撤走，修建的很多设施便不再发挥作用，项目的效果也很快消失"③。这不只是中国乡村发展基金会一个组织面临的困境，而且是社会组织实践领域存在的通病。比如曾经非常盛行的生态博物馆，以巴卡小寨基诺民族生态博物馆为例，正是在第三方力量专家学者和 NGO 的帮助下建立的，经过短暂的辉煌之后，鉴于社区居民被排除在外，公共部门在生态博物馆兴建、管理、运营、维护等各个环节的缺位，学者和社会组织缺乏后续监测等原因，该项目最终失败了。某些国际机构在倡导参与式发展中惯用 PRA（participatory rural appraisal，参与式农村评价）方法，很多情况下完全脱离了中国传统社区的文化整体性和复杂性而一味提倡形式上的"参与"，实质上无法嵌入"参与"背后更为错综复杂的地方传统文化网络结构，因此需要走出参与式发展的"表象"。

　　然而，面对社会组织参与乡村的振兴，实际上却常常难以嵌入当地的文化网络，导致项目陷入失败的窘境，因此需要深入探究是什么因素成为社会组织

---

　　① SCHEYVENS R. Tourism and poverty reduction［M］// SHARPLEY R，TELFER D J. Tourism and development：concepts and issues（the 2nd Edition）. Bristol：Channel View Publications，2015：118 – 139.

　　② 翁时秀，彭华. 旅游发展初级阶段弱权利意识型古村落社区增权研究：以浙江省楠溪江芙蓉村为例［J］. 旅游学刊，2011（7）：53 – 59.

　　③ 资料来源：公益时报微信公众号，《刘文奎：社会组织如何解决社会问题?》，2017 年 10 月14 日。

振兴乡村的障碍，以及如何提高社会力量在促进社区旅游发展和社区治理方面的作用。

3. 现实语境下社会组织的特殊性

作为人类社会一种基本的组织制度形式，社会组织由来已久。中国历史上曾产生过具有一定公共职能性质的各类民间社会组织，如筹募善款和救助的"同善会"、专门救济同乡的会馆、兴趣爱好分享的"诗社"等。这些组织在提供公共服务、倡导善行善德等方面和现代的社会组织有着许多相似之处，某种程度上可以看作当今 NGO 组织的前身。

当代中国社会组织的兴起始于改革开放之后，与西方"政府和市场双重失灵"的背景不同，中国社会组织的产生有其特殊的发展动力。首先是市场化改革的推动，市场经济的发展导致单位制解体，使得原有的行政化、一体化的社会逐渐走向开放多元，将人们从公共生活的统一状态中疏解出来，自由、个性化、主体意识等观念日益深入人心，这为社会组织的产生提供了思想基础。同时，市场化改革导致的资源再分配也提供了资源基础。其次是国家管理体制的改革。国家通过成立官办社会组织的形式，将部分政府职能转移至社会承担，如 1989 年由国家农业部拨款 10 万元作为启动资金，挂牌成立中国扶贫基金会，分担中央政府在全国范围内的扶贫压力。对社会组织总体上采取的分类控制政策，在某种程度上也刺激了社会组织的产生。再次是与国际接轨的影响。改革开放以后，国际社会组织开始通过一些官办组织进入中国，它们在为本土社会组织提供资金援助的同时，还带来了先进的理念和管理经验，推动了国内社会组织的发展。最后是为了应对改革带来的现实问题的需要。改革开放后的社会转型给当时的中国带来了一些现实问题，有些政府部门在缺乏应对能力和机制的情况下，不得不借助社会力量来解决困境。因此，中国社会组织的诞生可以视为"政府和市场双重动力"推动下的产物。

社会组织诞生之后，我国的管理政策经历了从放任默许到双重管理的过程。改革开放之初，中央政府并没有针对社会组织颁布明确的管理条例，也没有专门的统一管理机构。这种状态一直持续到 1989 年《社会团体登记管理条例》的颁发。《社会团体登记管理条例》规定社会组织的登记管理机关为县级以上的各级民政部门，但在正式登记注册获得身份合法性之前，社会组织需要找到相应的业务主管单位，例如环境保护类社会组织的业务主管单位多为环保局或林业局，乡村农业类社会组织的业务主管单位多为乡村振兴局，社会组织开展的业务活动需要受到业务主管单位的指导和监督，学界将此称为"双重管理"体制。① 该体制的实施对我国社会组织的实践具有重要影响，提高了组织进入的门槛，有些找不到业务主管单位的组织因身份不合法影响资源获取而最终消亡，而一些已获得合法身份的组织又容易对业务主管单位形成依赖。

除了双重管理体制之外，有些社会组织还面临着公信力低的"塔西佗陷阱"困境。"塔西佗陷阱"出自古罗马历史学家塔西佗的著作《历史》一书，原本用来描述古罗马皇帝加尔巴处决两个将领后，外界的反应很不好，因为皇帝自身成了人们憎恶的对象，无论他做的事情是好是坏都会引起人们的反感。② 后来学者们将这种"人们一旦憎恶/怀疑某个人，就反感/质疑其一切所言所行"的状况描述为"塔西佗陷阱"。

受一些恶劣事件的影响，有些社会组织的公信力遭到巨大挑战。2013 年人民网对 5465 名民众的公益事业态度的调查结果显示，不相信公益组织的受访者高达 53.3%，公益组织公信力的缺失成为影响公民参与公益事业的主要原因之一。③ 因此，许多社会组织正面临着巨大的信任危机问题，"当慈善组织失去公信力时，无论是说真话还是说假话，真慈善还是假慈善，都会被认为是说假话、假慈善"④。这最终导致民众对社会组织的认知度低，参与意愿低，社会组织缺少资金来源，活动难以开展。

综合上述两点，可提出以下问题：双重管理体制是否会形塑我国社会组织与西方 NGO 不同的独特行为逻辑？深陷"塔西佗陷阱"的社会组织介入乡村旅游发展时，在旅游中的表现是怎样的？地方政府和社区居民对此会持怎样的态度呢？社会组织能否跳出外源式发展引致的社区冲突与矛盾，成为可信赖、可支持的第三方力量，成功介入乡村促进旅游发展？

---

① 谭志福. 论我国社会组织管理体制的演化［J］. 湖南科技大学学报（社会科学版），2018（1）：112－116.

② 普布里乌斯·克奈里乌斯·塔西佗. 塔西佗历史［M］. 王以铸，崔妙因，译. 北京：商务印书馆，2002.

③ 数据来源：人民网，www. people. com. cn/32306/355718/365587/，2018－07－09。

④ 王银春. 中国慈善事业的转型与转机［N］. 中国社会报，2015－12－14（002）.

（二）理论背景

1. 从社区参与到旅游社会组织的浪漫化认知

旅游学界对社会组织的关注始于 20 世纪中后期，是"参与式发展"（participatory development）思想的延续。20 世纪 80 年代以来，学者们在总结针对第三世界国家援助效果欠佳的经验教训时指出，忽视本土受益群体的参与是导致项目失败的重要原因。① 参与式发展的理念与内生式发展如出一辙，都强调当地居民的发展话语权和参与权。实践上，以世界银行为代表的国际 NGO 也开始注重在项目执行中将受益对象纳入发展过程。1990 年，世界银行成立参与式发展学习小组，提出了"利益相关者"的概念，并界定了"参与"的定义——"参与是在项目实施过程中能够使利益相关群体共同影响、控制与之相关的发展准入、决策及其他相关资源"，并发布《世界银行参与手册》（*The World Bank Participation Sourcebook*）介绍 NGO 在推动参与式发展中的项目经验，参与式发展理念逐渐成为世界范围内的共识。②

受这种理念的影响，旅游领域以 1985 年 Murphy《旅游：社区方法》（*Tourism：A Community Approach*）一书的出版为标志，开始关注旅游规划与发展中的社区参与问题。作为旅游发展的一种方式，社区参与旅游（community-based tourism）鼓励社区居民在明确自己发展需求的基础上，能够运用自身掌握的资源，参与决定自己的发展方向。因此从某种程度上来说，社区参与旅游既是一个给相对弱势的社区居民赋权和教育的过程，同时也是一个权力转移的过程，涉及将地方政府、旅游企业等决策制定者的部分权力转移至社区等决策的接受者。③ 在这过程中社会组织成为促进社区参与旅游的重要利益相关者。

1999 年，*Tourism Recreation Research* 期刊专门组稿探讨 NGO 在不同国家旅游发展中的作用，这是第一次全面系统地审视旅游中的社会组织。④ 此后社会组织逐渐进入旅游学者的研究领域。2009 年，这些旅游 NGO 的关注者曾在瑞

① 杨小柳. 西方参与发展的理念和实践 [J]. 广西民族学院学报（哲学社会科学版），2006（3）：70–76.

② The World Bank participation sourcebook [R]. Washington D. C. ：The World Bank，1996.

③ 左冰，保继刚. 从"社区参与"走向"社区增权"：西方"旅游增权"理论研究述评 [J]. 旅游学刊，2008（4）：58–63.

④ BURNS P. Tourism NGOs [J]. Tourism Recreation Research，1999，24（2）：3–6.

士纽沙特（Neuchatel）召开"旅游与第三部门"（Tourism and Third Sector）国际大会，讨论旅游发展中社会组织相关研究议题。① 绝大多数研究者认为社会组织既可以打破私人部门追求经济利益的短期行为，又能弥补公共部门在社区能力建设方面存在的不足。② 因为强调非营利、非政治、非宗教，所以社会组织引导的社区旅游能够跨越阶层、性别、民族、宗教和政治偏好，支持社区尤其是处于劣势地位的少数民族社区的多样化发展，使社区居民参与决策制定而直接受益，因而在推动社区旅游发展中扮演着重要角色。③ 除了为社区赋权促进社区参与之外，社会组织也得到志愿者旅游④、可持续旅游⑤等研究者的关注，研究者认为社会组织引导的旅游开发注重保护环境、加强游客与东道主之间的沟通，是一种负责任的旅游发展方式。

有些学者据此提出了旅游研究的去商品化研究范式（decommodified research paradigm），认为当前全球绝大多数的旅游发展遵循的是新自由主义的市场经济模式，是一种商品化的旅游。西方各国政府和跨国公司通过运用知识和技术操纵全球市场经济，从而对全球旅游业产生重大影响。⑥ 自由市场系统没有也不会顾忌旅游业造成的环境成本，追求经济增长是自由市场制度的基础，而这种增长是通过提高生产和消费水平来实现的。这种循环越来越难以为继，不仅耗尽了环境资源基础，而且并没有给东道主社区，特别是发展中国家的东道主社区带来多少经济效益⑦，所以需要去商品化的旅游实践和研究范式，社会组织引导的旅游体现了商品化和去商品化旅游之间的差异，是后者的最佳

① GÜNEŞ G. Tourism and the third sector [J]. Anatolia, 2010, 21 (2): 393 – 394.

② BARKIN D, BOUCHEZ C P. NGO – community collaboration for ecotourism: a strategy for sustainable regional development [J]. Current Issues in Tourism, 2002 (5): 245 – 253.

③ WEARING S, MCDONALD M, PONTING J. Building a decommodified research paradigm in tourism: the contribution of NGOs [J]. Journal of Sustainable Tourism, 2005, 13 (5): 424 – 439.

④ FRILUND R. Teasing the boundaries of "volunteer tourism": local NGOs looking for global workforce [J]. Current Issues in Tourism, 2015: 1 – 14.

⑤ Van WIJK J, Van der DUIM R, LAMERS M, et al. The emergence of institutional innovations in tourism: the evolution of the African Wildlife Foundation's tourism conservation enterprises [J]. Journal of Sustainable Tourism, 2015, 23 (1): 104 – 125.

⑥ LYONS K, WEARING S. Volunteer tourism as alternative tourism: journeys beyond otherness [M] // LYONS K, WEARING S. Journeys of discovery in volunteer tourism: international case study perspectives. CABI, 2008: 3 – 11.

⑦ WEARING S, MCDONALD M, PONTING J. Building a decommodified research paradigm in tourism: the contribution of NGOs [J]. Journal of Sustainable Tourism, 2005, 13 (5): 424 – 439.

代表。

但是，也有学者指出社会组织在旅游中所起的作用如何测量和评估仍然缺乏统一、有效的标准和方法。① 在缺少客观评估的情况下，一味强调社会组织在旅游发展中的积极作用的研究价值取向是片面的，存在一种浪漫化和理想化的危险倾向。② 去商品化的研究范式也是值得商榷的，因为由市场导致的商品化是经济发展的内在机制，任何地方都不可能逃脱世界市场。让发展中国家的社区退出商品化的世界，只会让他们更加依赖社会组织。换句话说，就是慈善代替了市场。并且讽刺的是，社会组织都会倾向于使自己的项目最终市场化。如果这个项目不通过市场化就能够实施，那么提出商品化的偏见就是必要的，但实际上，很多社会组织的经历告诉我们，一旦组织撤出，旅游项目就会土崩瓦解——如果没有社会组织持续的财政支持的话，去商品化的旅游在商品化的世界里是根本不可行的。③ 因此，我们需要质问社会组织在旅游中实现了什么，与其他利益相关者相比到底有什么不同。④

同时，中国社会组织产生的特殊背景以及迥异于西方的双重管理体制，决定了中国的社会组织与国家关系的独特性。因此，我们对于非西方语境下的社会组织在旅游发展中到底扮演着怎样的角色，如何与地方行为主体互动，有着什么样的行为逻辑等问题仍然是不清楚的，需要解答。

2. 现实语境下社会组织研究的行动转向

现实语境下社会组织的研究存在着从静态结构争论向动态行动分析的研究转向。早期的研究聚焦于因社会组织发展而引发的中国社会结构变迁争论，相关文献主要依托公民社会和法团主义两大理论模式来展开分析。

公民社会理论着眼于社会组织的蓬勃发展，以及随之而来的公共领域的开放。这是由社会组织的诞生背景决定的，改革开放之前中国是一个总体性社

---

① KENNEDY K, DORNAN D. An overview: tourism non-governmental organizations and poverty reduction in developing countries [J]. Asia Pacific Journal of Tourism Research, 2009, 14 (2): 183 – 200.

② BROCKINGTON D, SCHOLFIELD K. The work of conservation organisations in sub-Saharan Africa [J]. Journal of Modern African Studies, 2010, 48 (1): 1 – 33.

③ BUTCHER J. Natural capital and the advocacy of ecotourism as sustainable development [J]. Journal of Sustainable Tourism, 2006, 14 (6): 544 – 629.

④ LIBURD J J. NGOs in tourism and preservation democratic accountability and sustainability in question [J]. Tourism Recreation Research, 2004, 29 (2): 105 – 109.

会，社会与国家高度同构，社会是一个同质体，国家通过单位制把个人联系在一起，几乎不存在单位以外的组织类型。① 市场经济体制改革使企业成为自主经营、自负盈亏的市场主体，各类企业获得了独立的地位，而在市场经济体制建立、政府职能转变和社会转型过程中，社会组织作为一种不同于政府和企业的组织类型随之出现。理顺社会组织与政府的关系成为该类组织成长的前提和关键，在这种背景下，大量的社会组织与政府的关系研究在公民社会理论的视野下展开。随后，面对当前中国社会的结构和功能分化，社会团结的问题被提上日程。由于法团主义理论关注不同领域中一些大的功能社团的整合作用，强调国家制度环境的构建以及各种控制策略的运用，因此得到众多学者的青睐。他们认为中国存在众多主导性社团，社会组织与政府之间的关系呈现出法团主义的特征。

　　然而，两种理论视角在中国的适用性程度遭到了不同学者的检视与批判。他们认为无论是公民社会理论从"社会中心说"出发强调社会与国家的分离，还是法团主义理论从"国家中心说"出发强调社会对国家的依附，上述两类研究都侧重于国家与社会之间权力的分配状态，是一种"国家—社会"二元分立的静态结构分析。② 米格代尔"社会中的国家"的观点被越来越多的学者接受，号召基于中国的现实情境出发，从动态的、过程的以及建构的角度对国家与社会的关系做出新的解读。因此，近年来，有研究者开始倡导关注中国社会组织的行动，通过观察社会组织为自身的存在与行动获得合法性以及为社会变迁而与国家有效互动的过程，透视国家与社会关系演化的实践。此外，对社会组织基本生存状况的观察使学者们关注到社会组织面临的制度和资源困境以及项目执行中的嵌入障碍问题，透过困境分析组织为了生存和发展采取的行动策略，也是目前社会组织研究的一个新的热点。

　　然而，需要进一步指出的是，无论是结构性争论还是行动研究，目前社会组织研究的重点依旧主要聚焦于社会组织与国家的关系分析。正如已有研究已经意识到的，有关社会组织与社会成员的关系研究相当匮乏。③ 社会组织如何

---

① 陈为雷. 从关系研究到行动策略研究：近年来我国非营利组织研究述评 [J]. 社会学研究，2013（1）：228 – 240.

② 张紧跟. 从结构论争到行动分析：海外中国 NGO 研究述评 [J]. 社会，2012，32（3）：198 – 223.

③ 张紧跟. 从结构论争到行动分析：海外中国 NGO 研究述评 [J]. 社会，2012，32（3）：198 – 223.

真正走进社会，成为解决社会问题的中坚力量，既是一个实践性的难题，也是被学术界所忽视的话题。众所周知，社会组织的发展离不开社会对组织的认同、关注、支持和参与，而社会组织在社会中的嵌入程度很大程度上决定了社会成员的支持度和参与度。因此，在社会组织研究行动转向的背景下，需要进一步关注组织与社会成员的关系，尤其是社会组织的嵌入问题。有关社会组织主导的旅游发展项目如何嵌入地方，为嵌入地方社会组织采取了什么样的行动策略等的研究显得相对比较匮乏。

3. 权力视角下的旅游社区冲突

对旅游社区冲突现象的关注，不仅能引领我们去探究第三种发展路径中社会组织的角色和作用，而且可以提醒研究者将研究视角从权力转向信任。

根据已有研究的梳理，目前学界对旅游社区冲突的研究有结果和过程两种理解，前者将冲突事件视为一种结果，进而探讨事件发生的社会性或制度性根源，并据此提出相应的治理策略；后者将冲突理解为一种实践过程，通过梳理冲突的发生过程，探究行动主体的行为逻辑。①

将旅游社区冲突视为一种结果的研究很丰富，以社区参与研究为主。社区参与的倡导者认为社区参与可以强化社区居民的自我意识，增强社区成员之间的信任和归属感。② 但社区参与实践中存在着难以落实的吊诡现象，引发了不少学者的批判与质疑。有学者认为，参与实际上是政治发展的结果，不能简单地将其视作经济和技术理性投入的结果而忽略对政治和权力关系的分析。③ 旅游资源产权和乡村土地产权的模糊性是导致利益纷争的制度因素，因此需要从国家政治制度层面保障社区居民参与权利的合法性，社区增权和旅游吸引物权的概念由此而提出。④ 研究者们认为人们尚未认识到由土地及其附属物的旅游吸引价值转化而来的土地级差收益及其权利，旅游开发因此才会演变为利益相关者的权力博弈，因而主张通过土地产权改革，为旅游吸引物权立法，实现社

① 黄秀波. 民族旅游村落空间政治的表征与实践：白沙村与双廊村的案例比较 [D]. 广州：中山大学，2017.

② 孙九霞. 社区参与旅游对民族传统文化保护的正效应 [J]. 广西民族学院学报（哲学社会科学版），2005（4）：35 – 39.

③ 左冰，保继刚. 从"社区参与"走向"社区增权"：西方"旅游增权"理论研究述评 [J]. 旅游学刊，2008（4）：58 – 63.

④ 保继刚，左冰. 为旅游吸引物权立法 [J]. 旅游学刊，2012（7）：11 – 18.

区的制度增权。①

在对结果视角批判的基础上，有学者进一步提出了过程视角，即从空间政治的角度切入，探讨景观表征和不同主体的空间政治实践和利益博弈过程，认为冲突的形态是乡土逻辑、政府管治、外来资本生产等多种力量公共作用的结果。其中，生存伦理和权力意识是决定冲突形态从日常抵抗转变为公开正式化抗争的关键因素。② 本质上这是一种空间权力的视角，它从空间的角度阐释多元主体的权力运作方式，以及权力与空间的微妙关系。尽管这两种理解的出发点有所不同，对社区抵抗地位的理解也不尽相同——结果视角倾向于将社区视为一种"无权"的弱势主体，因此需要增权/赋权；过程视角不带有同情弱者和道德批判的立场，而是将博弈的多元主体置于相对平等的位置，但从根本上来说，两者都是一种基于行动者权力关系的探讨。

对权力的集中关注，是福柯权力观在旅游研究上的烙印。在福柯看来，权力是无处不在的，它不来源于某一个地方，而是多中心的。"在社会体的每一层之间，在男女之间，在家庭成员之间，在师生之间，在有知识和无知识之间都存在着权力关系"③。个体身处的无所不在的权力网络塑造了主体自身，因此权力是生产性的，"个人以及个人就此可能获得的知识都属于这种创造"④。受福柯微观权力观的影响，任何事情都可以用权力的还原论框架加以再解释，这在一定程度上导致上述旅游社区冲突研究中结果视角和过程视角的权力本质的事实。

有学者对此进行了批判，认为对权力的过分关注会带来一些弊端，导致研究者对其他的现实视而不见。对权力的过度关注意味着，旅游决策和治理过程是在利益相关者之间的权力关系框架内制定和解释的，行动者总是运用各种权力进行博弈和抗争，使旅游目的地的善政良治和可持续发展看起来毫无希望。⑤ 因此，仅用权力关系来描绘复杂的现实世界显然是不够的，研究者还需

① 保继刚，左冰. 为旅游吸引物权立法 [J]. 旅游学刊，2012（7）：11 – 18；左冰，保继刚. 制度增权：社区参与旅游发展之土地权利变革 [J]. 旅游学刊，2012（2）：23 – 31；左冰，保继刚. 旅游吸引物权再考察 [J]. 旅游学刊，2016（7）：13 – 23.

② 黄秀波. 民族旅游村落空间政治的表征与实践：白沙村与双廊村的案例比较 [D]. 广州：中山大学，2017.

③ 王治河. 福柯 [M]. 长沙：湖南教育出版社，1999.

④ 王治河. 福柯 [M]. 长沙：湖南教育出版社，1999.

⑤ NUNKOO R. Governance and sustainable tourism：what is the role of trust, power and social capital [J]. Journal of Destination Marketing & Management，2017（6）：277 – 285.

要其他的方式、词汇和概念，比如信任。① 与福柯的权力是无所不在的观点不同，维特根斯坦认为信任才是人类的社会生活的基础，"在人类生命的底部是信任，一种特殊的行动模式"②。正如卢曼所言，信任是社会复杂性的一种简化机制，"信任总是从已有的证据进行推断，信任判断将经验泛化，使它们延伸到其他'类似的'案例"，通过将疑难问题从"外在"到"内在"的部分位移、学习以及对周围世界结果的符号记述三种泛化形式，简化了复杂性。③因而有些研究者认为信任至少与权力一样被视为基本常态，旅游发展中的一些关系被权力扭曲当然是真实的，并且可以被揭露，但是扭曲不能成为常态。很明显，任何形式的合作活动，包括分工，都需要合作者相互信任才能做到这一点，"没有信任，一切都将崩塌"（Without trust，all will collapse）。④ 信任对旅游发展过程、利益相关者之间的合作以及目的地的善政良治来说非常重要，但旅游开发语境下对信任的关注却很少。⑤

二、研究目的

外来企业主导的旅游发展时常会面临社区的矛盾与冲突，与这种外源式发展模式相对的内生式发展也面临着社区能力和动力不足的困境。在这一背景下，以社会组织为代表的第三方力量参与乡村旅游振兴实践得到倡导。社会组织一直被认为是旅游发展中重要的利益相关者之一，它既能避免企业的短期投机，又在促进社区参与、保护生态环境和地方文化等方面具有积极的作用。但实践表明，第三方力量参与的发展项目存在难以嵌入的障碍，加之现实语境下社会组织的诞生背景、管理体制、公共信任等均与西方社会的组织有所差异，而对于非西方语境下的这一类群体，学界却缺乏应有的关照。在鲜有旅游研究

① STEIN S M，HARPER T L. Power，trust，and planning ［J］. Journal of Planning Education and Research，2003，23（2）：125 – 139.

② STEIN S M，HARPER T L. Power，trust，and planning ［J］. Journal of Planning Education and Research，2003，23（2）：125 – 139.

③ 卢曼·尼可拉斯. 信任：一个社会复杂性的简化机制 ［M］. 翟铁鹏，李强，译. 上海：上海人民出版社，2005.

④ STEIN S M，HARPER T L. Power，trust，and planning ［J］. Journal of Planning Education and Research，2003，23（2）：125 – 139.

⑤ NUNKOO R，RAMKISSOON H. Power，trust，social exchange and community support ［J］. Annals of Tourism Research，2012，39（2）：997 – 1023.

探讨社会组织行为的情况下，前述去商品化研究范式下得出的浪漫化认知，更多的只是一种猜想和推断，却与我国的现实之间存在着巨大的张力。因此，本书的目的是解决理论与现实之间的错位导致的研究缺口。

在社会组织研究行动转向的背景下，需要考察社会组织在乡村的旅游实践行为和嵌入过程。此外，权力的消极单一视角引领着研究者将绝大多数的精力用于考察旅游实践中的阴暗面，实际上未必有利于旅游合作的建立和目的地的可持续发展。在权力之外，还需要考察旅游发展中利益相关者之间的信任关系是如何建立的，以信任作为权力的补充视角。

据此，本书将研究对象锁定在乡村旅游实践中的社会组织上，从信任的角度聚焦旅游发展过程中社会组织与地方之间的互动关系，试图厘清社会组织嵌入乡村旅游发展的过程、结果和影响因素，为第三方力量参与乡村振兴提供经验借鉴和理论参考。

三、研究意义

（一）理论意义

第一，社会组织在旅游发展中的重要作用已在学界达成共识，然而相关研究成果只散见于社区参与、可持续旅游等主题研究中，专门探讨社会组织的介入方式、互动过程、行为逻辑和实践效果的研究比较匮乏，尤其是关于非西方语境下的社会组织的研究。本书从中国的现实背景出发，关注旅游发展过程中的社会组织这一重要的利益相关者，是对该研究缺口的弥补。进一步地，在缺少对非西方语境中社会组织关注的情况下，目前学术界对社会组织的理解主要来自西方学者。基于现实语境反思社会组织在旅游中的作用，是对西方旅游社会组织认知的重要补充，能够加深我们对该主体的理解。

第二，旅游研究对利益相关者之间权力关系的过度关注导致研究者忽视了信任在旅游中的作用。与信任有关的少量研究往往将其视为一种"可感知的心理状态"，因此多采用定量方法对信任的横截面状态进行测量，回答的是"信任有多少"的问题。然而实际上，信任是处于动态变化中的，对信任状态的问卷测量无法揭示"信任是如何产生或者消亡"的过程。因此，本书采用质性研究的方法，通过三个案例深入阐释旅游发展中信任的构建过程，有利于深化旅游信任研究。

第三，本书通过个案分析社会组织与地方行动者互动对乡村旅游的影响，进而提出了双重嵌入的分析框架，认为社会组织在地方存在向上嵌入政府和向下嵌入社区两类嵌入关系。双重嵌入分析框架的提出具有重要的理论意义，能够统合社会组织与国家关系的宏观研究以及与社区关系的微观研究，并且透过行为考察嵌入关系，能够桥接当前社会组织研究中存在的关系研究和行动研究两大阵营。

（二）现实意义

一方面，发展乡村旅游是实现乡村振兴战略的重要途径之一，而社会组织一直被认为在促进社区参与旅游中发挥着重要的作用。在中央政府的鼓励和引导下，越来越多的社会力量开始投身于乡村，参与乡村地区的发展，成为振兴乡村的一股新兴力量。因此，考察社会组织在乡村旅游发展中的行为，检视其行为的有效性以及对乡村旅游发展的影响，有利于识别社会组织在乡村振兴中的作用。

另一方面，很多研究已经证实感知可信度决定着社区居民对旅游项目的支持度，所以信任关系是决定社会组织嵌入旅游项目成败的关键。本书通过剖析信任的构建过程，识别信任关系建立的影响因素，能够有针对性地了解旅游项目成功或者失败的关键，这对于促进旅游规划和开发中的合作关系具有重要意义。

第二章　概念界定与文献综述

一、相关概念界定

（一）社会组织

1. 两种不同范式对社会组织的理解

对于社会组织的理解，存在两种范式的认知：以 Salamon 为代表的美国范式（US-led approaches）和以 Evers 为代表的欧洲范式（Europe-led approaches）。下面分别论述这两种范式对社会组织的不同理解。

（1）美国范式

20 世纪 70—80 年代，在对福利国家理论进行批判的基础上，很多学者将研究的关注点转移到社会组织上。针对全球兴起的"结社革命"现象，1974 年，美国经济学家 Weisbrod 运用剩余分析策略提出了政府失灵和市场失灵理论加以解释。他认为，政府、企业和社会组织都是公共物品的供给者，且在公共物品供给方面存在相互替代性，社会组织的产生正是政府和企业在公共物品供给方面存在局限性导致的。[①] 而 Hansmann 则把社会组织的存在归因于一种不同的市场失灵——合约失灵，该理论认为标准的市场机制有时无法实行，因为追求营利的企业可能会在利润的驱使下背叛购买者的信任，所以需要非营利形式的组织作为代理。[②] Salamon 和 Anheier 在此基础上于 1992 年进一步提出

---

① 王晋. 第三部门：市场与政府的非零和产物：兼论我国第三部门的现状及发展趋势 [J]. 政治学研究，2004（3）.

② 莱斯特·M.萨拉蒙. 公共服务中的伙伴：现代福利国家中政府与非营利组织的关系 [M]. 田凯，译. 北京：商务印书馆，2008.

NGO 的结构/操作式定义（the structural/operational definition）①，他们认为：

> NGO 是这样的一类组织：
> ①正式的（formal），即某种程度上是制度化的，拥有制度实体，比如定期召开组织会议，拥有固定的办公人员和组织规章制度等。
> ②私人的（private），即制度上与政府分开，NGO 既不是政府机构的一部分，也不受政府官员的控制。
> ③非利润分配的（non-profit-distributing），即不将利润分配给组织的所有者或者理事，而必须重新投入到该机构基本的使命中。
> ④自治的（self-governing），即组织自己掌控组织活动，有自己的内部治理规则，不受外部实体的控制。
> ⑤自愿的（voluntary），即涉及一定程度的自愿参与，但是这并不意味着该组织的全部或大部分收入必须来自自愿捐赠，或者大多数员工必须是志愿者。即使只有一个志愿理事，一些自愿投入的存在足以使组织在某种意义上具有自愿的资格。

可见，Weisbrod、Hansmann 和 Salamon 的观点具有一脉相承的特性，都认为社会组织与国家和市场是割裂的。与政府部门相比，社会组织具有私人、自治的特征；与市场相比，社会组织又是非利润分配的、自愿的部门。总结起来，美国范式的特点是将社会组织置于与国家、市场平行的位置，认为社会组织是一个边界清晰的第三方行动者（见图 2-1），具有正式性、私人性、非利润分配性、自治性和自愿性五大特征。

图 2-1　美国范式下的社会组织

---

① SALAMON L M, ANHEIER H K. In search of the non-profit sector. I: the question of definitions [J]. Voluntas: International Journal of Voluntary and Nonprofit Organizations, 1992, 3 (2): 125-151.

Salamon 的定义得到了国际学术界的广泛认可，逐渐成为社会组织研究领域的主流观点。[①] 1999 年，在北京召开的一次社会组织主题大会上，Salamon 将该定义介绍到中国，并被国内社会组织研究者广泛采纳。[②] 美国范式随后在我国国内相关学术领域几乎占据垄断地位，主导着我国的社会组织研究。[③]

（2）欧洲范式

以 Evers 为代表的部分欧洲学者认为 Salamon 等人的观点并不符合欧洲的实际情况，在对其加以批判的基础上形成欧洲范式，并将 Salamon 等人的观点称为美国范式。在介绍欧洲范式的具体内容之前，有必要先了解其思想发展的脉络。社会福利的供给一直是西方学者关注的研究议题，在福利国家陷入危机的背景下，1986 年，Rose 基于对英国福利政策的分析，提出了"福利多元组合理论"（welfare mix，又译为福利混合、多元福利），认为社会中的福利来源于国家、市场和家庭（household），三者提供的福利总和构成社会总福利。[④] Evers 借鉴罗斯的观点，将福利三角分析框架置于社会经济和文化的背景中考察，构想出"福利三角模型"（welfare triangle），分析了国家、市场和社区（尤其是私人家庭）在福利供给中的角色和地位（见图 2－2）。[⑤]

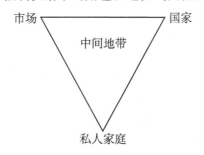

图 2－2 福利三角模型

① EVERS A. Part of the welfare mix: the third sector as an intermediate area [J]. Voluntas: International Journal of Voluntary and Nonprofit Organizations, 1995, 6 (2): 159－182.

② MA Q. The governance of NGOs in China since 1978: how much autonomy? [J]. Nonprofit and Voluntary Sector Quarterly, 2002, 31 (3): 305－328.

③ 葛亮，朱力. 中国社会组织研究的范式选择：基于美国范式和欧洲范式的比较分析 [J]. 学习与实践，2013 (6): 102－111.

④ ROSE R. Common goals but different roles: the state's contribution to the welfare mix [M] // ROSE R, SHIRATORI R. The welfare state east and west. New York: Oxford, 1986.

⑤ EVERS A, LAVILLE J. The third sector in Europe [M]. Cheltenham: Edward Elgar Publishing, 2004.

随后，Evers 对福利三角模型进行了进一步的修正，将志愿部门纳入福利供给的研究对象，提出四元划分的分析方法，并通过一系列的成果对欧洲范式下的社会组织进行了论述。①

首先，他认为，美国范式对社会组织的研究主要受到经济理论和组织理论的影响，而忽视了历史、社会和政治的维度，这是很有问题的。所以，他从历史—动态的角度考察了欧洲的社会组织，发现美国主导的理论并不符合欧洲当下的现实，因为在欧洲许多地方，有很多不以营利为主要目的的组织一直都是有利润或盈余的。Evers 指出，Salamon 领导的"约翰·霍普金斯非营利部门比较研究"项目中，由于合作社和互助组会将一部分收益用于成员分配而被排除在外，这种操作是带有"美国偏见"的。在他看来，欧洲很多国家的合作社和互助组的诞生不是为了投资回报率的最大化，而是为了满足共同利益，或满足某些群体所表达的社会要求。这也是符合"第三部门"这个概念的。从这个角度来看，界定社会组织的分界线不是追求利润，而是是否为资本主义组织（capitalist organizations）或社会经济组织（social economic organizations），后者侧重于创造集体财富，而不是个人投资的回报。

其次，沿着福利三角模型的思路，Evers 进一步指出，在欧洲的历史上，社会组织与公共干预的扩大有关，其很多行为促使了公共服务的产生，比如社会组织的互助协会帮助建立国家的社会保障体系。此外，社会组织还关注市场领域的商品生产和服务供给。因此，在欧洲，国家、市场和社会组织之间有着复杂的关系，各个部门之间的服务供给往往是共享的、互补的、互嵌的，故而难以清楚地划分社会组织与其他两者之间的边界。而且，美国观点还忽视了一个重要因素——非正式部门（informal sector，包括家庭、非正式社会网络和社区等）在促进公众黏合和福利供给方面的作用，成为美国范式的另一个严重缺陷。跟美国范式比起来，欧洲范式更强调将第三部门视为福利混合经济（a mixed economy of welfare）的一部分，认为社会组织是嵌入在市场、国家、非

① EVERS A. Part of the welfare mix: the third sector as an intermediate area [J]. Voluntas: International Journal of Voluntary and Nonprofit Organizations, 1995, 6 (2): 159–182; EVERS A, LAVILLE J. The third sector in Europe [M]. Cheltenham: Edward Elgar Publishing, 2004; EVERS A. The concept of civil society: different understandings and their implications for third sector policies [J]. Voluntary Sector Review, 2013, 4 (2): 149–164; EVERS A. Mixed welfare systems and hybrid organizations: changes in the governance and provision of social services [J]. Intl Journal of Public Administration, 2005, 28 (9–10): 737–748.

正式社区和经济（如私人家庭）的三级框架之中的，是一个同时受到国家政策和法律、企业价值和实践、公民社会文化以及非正式家庭和社区影响的矛盾场域（tension field），而不是将"第三"理解成与其他边界明晰的部门（国家和市场）相并列（见图2-3）。

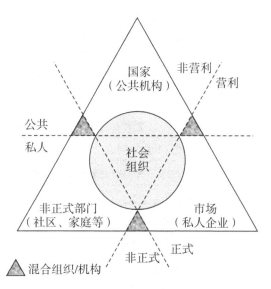

图2-3　欧洲范式下的社会组织
（引自 Evers[1]）

最后，Evers 对欧洲范式下社会组织的认知和理解进行了总结[2]：

　　①强调社会组织的社会和政治角色，而不是通常讨论的作为服务提供者的经济角色；
　　②认为社会组织不仅与国家和市场相互关联，还与非正式部门（由家庭、非正式的社会网络和社区构成）相联系；
　　③强调社会组织的中间角色，汇集不同资源和领域，具有多样的行为

　　① EVERS A. Mixed welfare systems and hybrid organizations：changes in the governance and provision of social services [J]. International Journal of Public Administration, 2005, 28 (9-10)：737-748.
　　② EVERS A. Part of the welfare mix：the third sector as an intermediate area [J]. Voluntas：International Journal of Voluntary and Nonprofit Organizations, 1995, 6 (2)：159-182.

方式，而不是一个边界明晰的部门；

④认为不同的资源和原则相互协同合作，而不是不同的、边界清晰的部门之间相互替代。

在对两种范式产生的背景和主要内容梳理的基础上，为了更好地理解两者之间的差别，可借由一个表格加以总结对比（见表2-1）。

表2-1　美国范式和欧洲范式对社会组织认知的异同点

维度		美国范式	欧洲范式
相同点		都将社会组织视为福利供给者	
区别	理论视角	经济理论和组织理论	社会理论和政治理论
	本质	边界清晰的第三部门行动者	边界模糊的矛盾场域
	价值观	志愿、奉献	多元准则
	利润观	非利润分配	不否认利润分配，但强调集体利益
	与国家和市场的关系	相互取代的对等关系	合作互嵌的交织关系
	与非正式部门的关系	无视	强调
	类型	不包括合作社和互助社	包括合作社和互助社

2. 本书对社会组织的界定

目前我国法律规定的社会组织主要包括社会团体、民办非企业单位和基金会三种类型。在实际的学术使用中，学者们倾向于将其等同于非政府组织、非营利性组织（non-profit organization，NPO）、第三部门（third sector）、民间组织。这些概念之间并无实质性差异[1]，只是使用时表达的侧重点有所不同，各有利弊（见表2-2）。2007年党的十七大将"民间组织"改称为"社会组织"，本书遵循国家话语中的表达习惯，采用"社会组织"的这一术语。同时为表述方便，有时也采用NGO作为简称。

---

[1] 俞可平. 中国公民社会：概念、分类与制度环境 [J]. 中国社会科学，2006（1）：109-122.

表2-2 社会组织相似概念辨析

概念	侧重点	矛盾点	
非政府组织	强调非官方性，表明非政府组织不属于政府组织范畴	易理解成与政府没有关系，甚至理解为与政府对立	否定的表述，需要借助其他概念来确定自身含义，具有解释的任意性
非营利组织	强调不以"市场理性"为行动逻辑	容易模糊组织为了生存进行的必要的有偿服务与营利活动之间的界限	
第三部门	强调其与政府组织和企业组织的不同	新概念，学术界不甚了解；与国民经济中的"第三部门"容易混淆	
民间组织	强调组织的民间性，表明其形成动力来源于民间社会	容易让人误解与政府相对应甚至是相对立的	
社会组织	2007年党的十七大将"民间组织"改为"社会组织"，对应社会团体、民办非企业单位、基金会	从学术研究的角度来说，广义上的宗族、部落、家庭、军队、学校都可以称之为社会组织，容易造成新的特殊意指与原概念内涵的混淆	

资料来源：根据谢遐龄①、徐永祥等②、俞可平③的文献整理。

　　我国的社会组织研究面临着范式选择的问题。④ 结合现实语境可以发现，我国的社会组织受到国家双重管理体制的严格约束，并不符合美国范式中三足鼎立的对等关系模式。从社会组织与国家的关系这一点来看，强调国家与社会组织互嵌、融合的欧洲范式似乎与中国经验具有更高的契合度。

　　然而，欧洲范式也并非完美无瑕。首先，欧洲范式将社会组织视为一个建立在不同经济原则多元共生基础上的、没有明确边界的矛盾场域，至于"它们能在多大程度上保持自己的特殊位置，取决于环境发展，具体来说就是国家

　　① 谢遐龄. 非政府组织在中国：几个概念和发展前景 [J]. 吉林大学社会科学学报，2009，49（3）：13-19.
　　② 徐永祥，侯利文，徐选国. 新社会组织：内涵、特征以及发展原则 [J]. 学习与实践，2015（7）：78-87.
　　③ 俞可平. 中国公民社会：概念、分类与制度环境 [J]. 中国社会科学，2006（1）：109-122.
　　④ 葛亮，朱力. 中国社会组织研究的范式选择：基于美国范式和欧洲范式的比较分析 [J]. 学习与实践，2013（6）：102-111.

的治理政策和监管体系，以及其他利益相关者的目标和战略"①，否认了社会组织作为行动者拥有的主观能动性。其次，界定社会组织的分界线不是追求利润，而是追求集体利益还是个人回报，其中"集体利益"包括组织自身的集体利益，因此，欧洲范式将合作社也纳入社会组织的类型。本书认为这是一种过于泛化的概念，不利于研究者把握社会组织的特性和形成理论对话，最终会导致概念死亡。

综上，基于美国范式，本书认为社会组织是不以利润分配为目的的，同时受欧洲范式的启发，社会组织又是受国家、市场、非正式部门影响的行动者。因此，本书对社会组织的界定是，受国家、市场和非正式部门影响，但始终不以利润分配为目的的行动者。

（二）嵌入

"嵌入"（embeddedness）是社会科学领域的一个重要术语，发源于经济学，然后拓展到组织研究领域，逐渐成为海内外学者分析中国社会组织的关键概念。"嵌入"由 Polanyi 在《大转型》中提出，主要强调经济关系嵌入与社会关系嵌入的双向互动，他指出，经济嵌入并交织在制度中，包括经济的和非经济的制度，认为政府和宗教等非经济的作用并不亚于经济活动所发挥的作用。② 但是，这一概念的流行要归功于格兰诺维特。格兰诺维特的嵌入并没有沿着波兰尼的制度视角继续前进，而是在批判"过度社会化"和"低度社会化"两种概念模型中，指出行动者的经济行动既不完全依赖于社会情境，也并不独立于社会情境之外，而是介于两者之间，就是行动者处于互动之中，立足于自己的关系网络进行理性的经济行动，他用嵌入来描述社会结构中经济交换活动的持续情境化现象③，但没有对嵌入进行明确的界定。在格兰诺维特有关嵌入的研究基础上，Zukin 和 Dimaggio 通过提出嵌入是指经济活动对认知、文化、社会结构和政治制度的偶然性，拓宽了这一概念④。倪志伟和尹格兰将

① EVERS A, LAVILLE J. The third sector in Europe［M］. Cheltenham：Edward Elgar Publishing, 2004.

② POLANYI K. The great transformation：the political and economic origins of our time［M］. Boston：Beacon Press, 1944.

③ 翟学伟，薛天山. 社会信任：理论及其应用［M］. 北京：中国人民大学出版社, 2014.

④ DACIN M T, VENTRESCA M J, BEAL B D. The embeddedness of organizations：dialogue & directions［J］. Journal of Management, 1999, 25（3）：317－356.

嵌入视为选择行为的一种约束,网络嵌入即人的选择行为受到所嵌入的关系网络的约束,制度嵌入即选择行为受所嵌入的制度约束。①

与个人一样,组织也会嵌入组织间的网络,从而能够驾取不确定的环境,获得资源并建立联盟关系。当嵌入从经济学领域延伸到组织领域后,组织研究并没有从关注市场和制度开始。组织理论长期扎根于丰富的行为传统中,因此,组织研究可以利用组织理论中的行为传统,在决策过程、群体动态、策略、结构和组织间关系等层面开展嵌入研究。② Granovetter 进一步区分了关系嵌入性和结构嵌入性:关系嵌入性指的是任何两个行为者之间直接联系的质量,而结构嵌入性则涉及整个关系网络的整合,即两个行为者相互联系的程度。组织研究领域主要关注关系嵌入。Evans 在对发展国家的分析中引入了关系嵌入,认为国家被嵌入"一组具体的社会纽带中……以便为目标和政策的继续谈判和重新谈判提供体制渠道"③。刘鹏将分析对象从经济型组织扩展至社会组织,着重分析作为政治环境因素的国家如何利用其特定的机制与策略,营造符合国家政治偏好的组织运营环境,从而达到对社会组织的运行过程和逻辑进行嵌入性干预和调控的目的。④

学者们讨论"脱嵌"(disembededness)通常都与"嵌入"对应,表明并不存在一个完全脱嵌或者嵌入的状态,只是嵌入程度的问题。Muellerleile 研究表明,嵌入指的是市场经济嵌入社会关系中,而对应的脱嵌则指的是市场经济从社会关系中脱嵌出来。⑤ Giddens 提出全球化带来脱嵌的力量,使移民远离熟悉的社会关系网络,脱嵌表明空间关系的远离导致嵌入关系的减弱甚至瓦解⑥,但脱嵌并不全是空间关系的远离所导致的,在社会关系网络中必然存在着摩擦和妥协,导致经济行为个体的暂时脱嵌,或者调整策略寻找其他的渠道

① 王宁. 消费行为的制度嵌入性:消费社会学的一个研究纲领 [J]. 中山大学学报 (社会科学版), 2008 (4): 140 – 145.

② DACIN M T, VENTRESCA M J, BEAL B D. The embeddedness of organizations: dialogue & directions [J]. Journal of Management, 1999, 25 (3): 317 – 356.

③ YUEN S. Negotiating service activism in China: the impact of NGOs' institutional embeddedness in the local state [J]. Journal of Contemporary China, 2018, 27 (111): 406 – 422.

④ 刘鹏. 从分类控制走向嵌入型监管:地方政府社会组织管理政策创新 [J]. 中国人民大学学报, 2011 (5): 91 – 99.

⑤ MUELLERLEILE C. Turning financial markets inside out: polanyi, performativity and disembeddedness [J]. Environment and Planning A, 2013, 45 (7): 1625 – 1642.

⑥ 安东尼·吉登斯. 现代性的后果 [M]. 田禾, 译. 南京:译林出版社, 2000.

再次嵌入，例如通过与当地人通婚或合伙的方式，经济个体可以扩展自己的社会关系网络和社会资本，凭借权力的增加实现再次嵌入。

本书中的"嵌入"指的是一种关系，是社会组织在参与乡村旅游发展过程中，置身于地方原有的社会治理体系和社区管理体制中，与地方政府和社区等地方行动者之间持续情境化的现象。嵌入程度反映的是社会组织与地方行动者之间的关联/融合程度，比如社会组织能在多大程度上满足地方政府和社区的需求，了解地方文化观念和价值规范，赢得地方政府和社区居民的信任以及关系网络资源等。

（三）信任

1. 信任的理论溯源

作为促成合作的关键要素之一，信任很早就受到了东西方思想家的关注。《论语》中曾多次提及"信"，如"与朋友交而不信乎""听其言而信其行"等，"信"与"仁、义、礼、智"并为我国儒家思想中的"五常"，至今影响着人们的道德生活。在西方，希腊哲学家亚里士多德将信任视为友爱的某种必要条件，把超越具体是非和利害关系、基于"永远讲真话"的"诚实"视为一种"自由的品质"①。西美尔是真正意义上信任研究的开启者，在其著作《货币哲学》中，他不仅从一般意义上探讨了信任，而且着重分析了信任对货币这种制度化象征物的意涵，指出"货币交易离开了信任也将陷于崩溃"②。

西美尔之后相当长的一段时间内，信任研究并未引起研究者的关注，直到20世纪70年代以后，才逐渐成为西方社会科学界的热门话题。③ 心理学、社会学等学科均对信任领域有所涉猎，下面将按照信任研究中个人心理、人际关系和社会系统三种不同视角展开理论梳理。

（1）基于个人心理的信任研究

以心理学研究者为代表，强调从个体认知或主观感受出发来理解信任，主要关注信任形成的机制。如 Bowlby 认为信任来自个体在童年时对主要的照顾者（通常是母亲）的依恋，这种依恋关系可以产生"基本信任"，进而鼓励个

① 高瑞泉. 重建"信德"：从"信"的观念史出发的考察 [J]. 学术月刊，2017（7）：5-17.
② 西美尔. 货币哲学 [M]. 陈戎女，耿开君，文聘元，译. 北京：华夏出版社，2002.
③ 翟学伟，薛天山. 社会信任：理论及其应用 [M]. 北京：中国人民大学出版社，2014.

体未来对其他陌生环境形成信任。① 影响比较深远的是 Mayer 等人的研究，他们在总结前人研究的基础上，提出了人际信任的综合性模型。他们认为施信者（trustor）和受信者（trustee）各自具有的特点促使了信任的产生。具体来说，施信者具有的"内在倾向性"，即倾向于信任他人的意愿和程度，以及感知的受信者的可信赖品质，包括能力（ability）、仁慈（benevolence）和正直（integrity）。其中，能力是指"使一方能在特定领域范围内产生影响力的技能（skills）、资格（competencies）和特点（characteristics）的集合"，仁慈指"施信者相信受信者排除以自我利益为中心的动机，为自己带来好处的程度"，正直是"受信者坚守一系列施信者认同的原则"②。尽管这三个特征并非 Mayer 等人原创，但是经过他们整合分析之后成为信任研究关键测量变量，为后续信任实证研究打下了基础。

（2）基于人际关系的信任研究

以 Lewis、Lewicki 等人为代表，从社会心理学角度认为基于个人内部心理事件的信任研究忽视了信任的社会性，没有看到信任作为个体之间或是系统性社会事实的一面，因而强调从人际互动和交换中理解信任，主要关注信任的建立过程。Lewis 等人认为信任是人际关系的产物，基于对信任产生的认知基础、情感基础和行为基础的分析，他们提出了一个广泛应用的信任分类，即认知型信任（cognitive trust）和情感型信任（emotional trust）。认知型信任指基于掌握的合理的、积极的信息而判断对另一方的信任程度，情感型信任是依据与另一方情感深浅决定其信任程度。③ Lewicki 和 Bunker 的"信任三阶段说"也是从人际互动角度提出的，本书将在下文详细说明，这里不再赘述。在探讨信任与理性之间关系的过程中，格兰诺维特最早开启了经济学与社会学之间的对话。④ 他认为人们普遍倾向与具有良好声誉的人打交道，这意味着很少有人真正满足于依靠普遍道德（generalized morality）或制度安排来防范风险，意味着制度安排和普遍道德并不能产生信任，而是行动者嵌入在社会关系网络中促

① 翟学伟，薛天山. 社会信任：理论及其应用［M］. 北京：中国人民大学出版社，2014.

② MAYER R C, DAVIS J H, SCHOORMAN F D. An integrative model of organizational trust［J］. The Academy of Management Review, 1995, 20（3）：709 – 734.

③ LEWIS J D, WEIGERT A. Trust as a social reality［J］. Social Forces, 1985, 63（4）：967 – 985.

④ 翟学伟，薛天山. 社会信任：理论及其应用［M］. 北京：中国人民大学出版社，2014.

使了信任的产生，因此经济学中理性选择理论对信任的解释力应该受到质疑。①

（3）基于社会系统的信任研究

以卢曼、吉登斯、福山、什托姆普卡等社会学研究者为代表，他们认为个人心理和人际关系的信任研究都存在脱离社会语境之嫌，应该从文化、制度和结构层面考察信任是如何产生的。卢曼是社会学领域第一个系统研究"信任"的学者，他在其著作《信任与权力》中指出，信任是一种简化复杂环境的机制。他认为人类处在一个极其复杂的世界，要想生存就必须发展出一套简化机制，而信任正具备这样一种功能，它可以通过排除某些行动的可能性，实现简化复杂性的目的。② 卢曼对信任的另一贡献是提出了个人信任和系统信任的分类，个人信任建立在受信者个人特质之上，与心理学派的观点无异，而系统信任则与系统的运转机制有关，是对一般化的沟通媒介，如货币、权力、真理等系统的信任，人际信任受系统信任的影响。

吉登斯在探讨现代性的后果时，指出信任本质上是与现代性相联系的。现代社会中时空分离使得"社会关系从彼此互动的地域性关联中，从通过对不确定的时间的无限穿越而被重构的关联中'脱离出来'"③，尤其是象征标志和专家系统两种脱域机制的发展造成了生存空间和交往联系的抽象性，信任对社会正常运转的意义越来越大。吉登斯还进一步对前现代社会和现代社会中的信任状况与特点进行了比较（见表2-3）。

① GRANOVETTER M. Economic action and social structure: the problem of embeddedness [J]. American Journal of Sociology, 1985, 91 (3): 481 - 510.

② 卢曼·尼可拉斯. 信任：一个社会复杂性的简化机制 [M]. 翟铁鹏，李强，译. 上海：上海人民出版社，2005.

③ 安东尼·吉登斯. 现代性的后果 [M]. 田禾，译. 南京：译林出版社，2000.

表2-3　前现代与现代文化中的信任与风险环境

前现代	现代
总情境：地域性信任的极端重要性	总情境：被脱域的抽象体系中的信任关系
信任环境 ①亲缘关系：为跨越时空的稳固社会纽带的一种组织策略； ②作为地点的地域化社会：为人熟悉的环境； ③宗教宇宙观：作为信仰和仪式性实践的模式，为人类生活和自然提供神灵的解释； ④传统：作为联系现在和未来的手段，过去取向的时间维度	信任环境 ①友谊或隐秘的个人关系：稳固的社会纽带； ②抽象体系：时空无限制条件下的稳定的关系； ③未来取向的非实在论：作为连接过去与现在的模式
风险环境 ①来自自然的威胁和危险，诸如传染病的流行、气候的多变性、洪水或其他自然灾害； ②来自诸如掠夺成性的军队、地方军阀、土匪或强盗等人类暴力的威胁； ③来自失去宗教的恩魅或受到邪恶巫术影响的风险	风险环境 ①来自现代性的反思性的威胁和危险； ②来自战争工业化的人类暴力的威胁； ③个人之无意义的威胁，其源于将对现代性的反思性运用于自身

资料来源：吉登斯[1]。

　　福山在《信任——社会道德与繁荣的创造》一书中，从比较文化的视角对信任进行了研究，认为可以将不同的文化区分为低信任文化和高信任文化。像中国、意大利南部、法国都属于低信任文化的社会，这是一种极端的家庭主义文化，"意味着非血亲关系的社会成员之间关系相对薄弱，只要出了家族的圈子，人与人之间的信赖感就变得相当低"[2]。而日本、德国、美国属于高信任文化社会，具有超越血亲关系的普遍社会信任的伦理习惯。这种伦理习俗使得该社会具有强大的自发组织非血亲关系社群的能力，进而造就发达的社会中

①　安东尼·吉登斯. 现代性的后果［M］. 田禾，译. 南京：译林出版社，2000.
②　弗兰西斯·福山. 信任：社会道德与繁荣的创造［M］. 李宛蓉，译. 呼和浩特：远方出版社，1998.

间组织。①

在众多学者研究的基础上，什托姆普卡对信任的概念、基础、类型和功能进行了重新梳理与界定，提出了一个信任文化生成机制的解释模型。他从理性、心理和文化三方面区分了信任的三个维度——工具信任、价值论信任和信用信任，据此进一步提出信任建立的基础：反射的可信度（收集另一方的资料对可信度进行评估）、信任倾向（施信者的个人特质）和文化传统（文化、制度和社会结构的影响）。沿着福山的研究思路，什托姆普卡继续探究信任文化产生的社会条件和因果过程，运用他早年间提出的"社会生成（social becoming）"概念，提出了信任文化的社会生成模型。该模型认为信任文化从信任传统（背景变量）开始，受现实的结构环境——规范的一致性、稳定性、透明度、熟悉性、责任性的影响（独立变量），依赖于行动者的能力和集体资本（中介变量），最终导致一个信任/不信任的文化产生，成为新的下一个社会信任生成的背景变量。②

我国学者郑也夫在借鉴卢曼关于信任简化机制等观点的基础上，指出信任是一个连续系统，其中一端在熟人之间建立了信任，并依赖系统信任在陌生环境中也建立了信任；另一端在陌生人和熟人之间都丧失了信任，"杀熟"是此类情形的一种典型代表。并进一步指出"杀熟"的出现是社会学因素导致的，单位制和政治揭发等制度环境为"杀熟"现象的萌发提供了温床。③

2. 信任的概念界定

通过对信任的理论思想进行追溯可以发现，信任是一个极其复杂的社会和心理现象，因而难以界定和操作化。组织行为学、心理学、管理学、社会学等学科都曾试图对信任下定义（见表2-4），大多数学者都将信任视为一种心理状态，是对他人可靠行为的一种积极期待，并且愿意为了这种期待而承受风险。

---

① 翟学伟，薛天山. 社会信任：理论及其应用 [M]. 北京：中国人民大学出版社，2014.
② 彼得·什托姆普卡. 信任：一种社会学理论 [M]. 北京：中华书局，2005.
③ 郑也夫. 信任论 [M]. 北京：中信出版社，2015.

表2-4 信任的定义和维度

作者	定义	维度
Lewis 和 Weigert (1985)	是集体而不是个人的财产，适用于人们之间的关系，而不是个人拥有的心理状态	认知型信任、情感型信任
Ganesan (1994)	信任是依靠一个有信心的交换伙伴的意愿	可信度和仁慈
Mayer 等 (1995)	期望对方表现出对其自身非常重要的行为，进而表现出需要承受对方行动可能导致损失的意愿	能力、仁慈和正直
Aulakh 等 (1996)	合作伙伴对彼此的可靠性和正直的信心程度	信心、可靠性和正直
Chow 和 Holden (1997)	人或物的可靠性和真实性的期望程度或确定性程度	可靠性、真实/诚信
Nooteboom 等 (1997)	信任作为合作的重要来源，伴随着胁迫和自利	制度化、习惯化
Sako 和 Helper (1998)	代理人对其贸易伙伴将以相互可接受的方式行事的期望	意愿型信任、合同型信任、能力型信任
Rousseau 等 (1998)	信任是一种心理状态，根据对他人意图或行为的积极期望而接受损失的意图	无
Zaheer 等 (1998)	对一个行为者以可预测的方式行事并履行义务的期望，并在机会主义来临时将公平行事	可靠性、可预测性、公平
Young-Ybarra 和 Wiersema (1999)	信任基于三个组成部分：可靠性（期望合作伙伴将以联盟的最佳利益行事）、可预测性（行动的一致性）和信心（合作伙伴不会采取机会主义行为）	可依赖性、可预测性、信心
Dyer 和 Chu (2000)	信任是一方对另一方在交换行为关系中不会利用漏洞的信任	可靠性、公平、意愿
Norman (2002)	一方当事人易受另一方当事人行为影响的意愿	能力型信任、意愿型信任

资料来源：根据 Lewis & Weigert[1], Mayer et al.[2], Seppanen[3], Nunkoo[4] 的文献整理。

———————————

[1] LEWIS J D, WEIGERT A. Trust as a social reality [J]. Social Forces, 1985, 63 (4)：967-985.

[2] MAYER R C, DAVIS J H, SCHOORMAN F D. An integrative model of organizational trust [J]. The Academy of Management Review, 1995, 20 (3)：709-734.

[3] SEPPANEN R, BLOMQVIST K, SUNDQVIST S. Measuring inter-organizational trust：a critical review of the empirical research in 1990 - 2003 [J]. Industrial Marketing Management, 2007, 36 (2)：249-265.

[4] NUNKOO R. Tourism development and trust in local government [J]. Tourism Management, 2015, 46：623-634.

旅游研究中使用最广泛的信任定义是 Rousseau 等人提出的"信任是一种心理状态，根据对他人意图或行为的积极期望而接受损失的意图"①。但是，从上述信任理论梳理可知，信任不仅仅是一种含有信任双方个人特质的心理状态，还具有互动情境和历史经验的痕迹。仅从个人心理角度考察信任是不完整的，不利于认清信任的社会性。

在回答信任是如何产生的过程中，研究者们逐渐认识到信任产生的基础不是"给定"的，而是在其构建的过程中由受信者和施信者共同创造的。1986年，Zucker 提出了信任产生的三种机制：基于特征的（characteristic-based）、基于制度的（institutional-based）和基于过程的（process-based）信任，其中过程型信任是在过去的交换关系或对未来的预期中产生的，是过去的交往互动对现在和未来信任关系的影响。随后，Lewicki 受 Boon 和 Holmes 对浪漫关系中信任研究的启发，虽然也将信任视为一种心理状态，但是强调了个人对信任的长期倾向（chronic disposition）和关系历史（history of the relationship）的作用，认为信任的本质不是某一静态单一的关键要素（如可靠性、正直或仁慈等）决定的，而是一种动态现象，并且在信任建立的早期、发展和成熟阶段都具有不同的特征，据此提出了著名的信任发展三阶段说，即计算型信任（calculus-based trust）、了解型信任（knowledge-based trust）和认同型信任（identification-based trust）。② 所以，将信任视为一种过程的观点由来已久，但是近期研究对感知可信度的过分关注导致了对过程视角的忽视。③ 研究者对此给予了批判，号召重新考察信任的建构过程。学者认为，对感知信任状态的测量仅仅是描述性地回答人们有"多"信任（"how much" people trust），却很难回答人们"如何"长久地维系信任（"how" people work on trust）。这是有问题的，因为仅仅通过测量无法提出提高信任水平的方法，所以，信任应该被概念化为一个"态度不断形成和再形成"的持续过程。④ 在此基础上，Khody-

① NUNKOO R, SMITH S L J. Trust, tourism development and planning [M]. New York: Routledge, 2015.

② LEWICKI R J, BUNKER B B. Trust in relationships: a model of development and decline [M] // BUNKER B B, RUBIN J Z A. Conflict, cooperation, and justice: essay inspired by the work of Morton Deutsch. San Francisco: Jossey-Bass Inc. Publishers, 1995: 133 – 173.

③ LYON F, MÖLLERING G, SAUNDERS M N K. Handbook of research methods on trust (second edition) [M]. Cheltenham: Edward Elgar Publishing Limited, 2015.

④ MÖLLERING G. Process views of trusting and crises [M] // BACHMANN R, ZAHEER A. Handbook of advances in trust research. Cheltenham: Edward Elgar Publishing Limited, 2013: 285 – 306.

akov 建议将信任视为一种复杂现象，并提出信任具有强关系（厚人际信任）、弱关系（薄人际信任）和制度信任三个维度，每个维度的总体构成和信任水平随着时间的推移而变化，并且可能不相互依赖。这种流变性（fluidity）使得信任不仅仅作为一个变量，或者低信任—高信任的连续统一体而存在。通过承认信任的流变性，进一步关注到信任的时间维度，将信任作为一个过程研究，考察行动的"时间—关系"的语境，最终提出了信任的过程定义①：

> 信任是一个不断想象预测对方行为可靠性的过程，这个想象主要基于以下标准：①合作者和行动者的声誉，②评估当前的行动情况，③关于合作伙伴行为的假设，④相信对方的诚实和道德。

本书采纳上述定义，基于对信任过程观点而非单一的心理状态的理解，探讨社会组织与地方行动者互动过程中信任的建构或消解过程是如何影响社会组织在乡村的旅游实践的。

二、相关研究综述

（一）现实语境下的社会组织研究：从结构争论到行动分析转向

从研究脉络上来看，早年间有关社会组织的研究主题比较散，20 世纪 90 年代是社会组织研究的积累阶段，主要对西方理论进行翻译介绍，对中国社会组织进行描述性研究；进入 21 世纪之后，"社会组织—公民社会—政府"的讨论占据重要地位，后又逐渐从理论探讨深入到社会组织运行的实际问题上，更加关注一些中层理论和微观的现象，如社会组织运行、社区治理的研究。②从研究内容来看，主要集中在以下四类：一是介绍西方的理论范式、研究成果

① KHODYAKOV D. Trust as a process：a three-dimensional approach［J］. Sociology, 2007, 41（1）：115 – 132.

② 刘源浩，陈敏. 中国社会组织研究：对 1994—2014 年中文文献的定量分析［J］. 中国非营利评论，2015（1）：237 – 255.

和实践经验对我国的启示，二是对我国社会组织的概念和分类进行探讨①，三是与政府的关系研究，四是行动困境与策略研究。本书主要对后两类研究进行详细述评。

1. 社会组织与政府的关系结构研究

这一部分是社会组织研究的重点。具体来说又可以细分为两大类：一是基于"国家—社会"的二元划分思想，依托两大西方主导理论范式——"公民社会"（civil society）与"法团主义"（corporatism）理论②，从宏观层面上探讨国家与社会的结构状态，或进行理论分析，或进行经验检验与理论适用性的反思；二是从社会组织与政府的关系出发，通过案例考察，总结出本土化的概念与理论。

（1）运用西方理论进行分析

20世纪90年代中期以来，海内外的中国社会组织研究中展开了一场激烈的学术争论：一派认为应该运用公民社会的理论来解释我国社会组织兴起的现象；另一派则认为中国的社会组织更符合法团主义性质，社会组织的出现是国家为了实现政府目的而与选定的组织建立特殊关系导致的。

第一，公民社会理论的运用。近代西方开始资产阶级革命以后，现代意义上的公民社会理论逐步形成，其中洛克、黑格尔、马克思、葛兰西、哈贝马斯等均做出了重要贡献。公民社会是指"那些源出于保护个人自由的思考、对市场经济的弘扬以及对国家干预活动的应对的近代自由主义经济思想的基础上而逐渐产生的相对于国家以外的实体社会"③。

面对改革开放之后中国大量兴起的"社会自组织"现象，有学者认为中国正在走向公民社会。④ 海内外不少学者运用了公民社会这一理论对此加以解释，如White在对萧山社团的调查中发现非官方的民间经济组织正在成长，所

---

① 俞可平. 中国公民社会：概念、分类与制度环境 [J]. 中国社会科学，2006（1）：109 – 122；王名，刘求实. 中国非政府组织发展的制度分析 [J]. 中国非营利评论，2007（1）：92 – 145；程玥，马庆钰. 关于非政府组织分类方法的分析 [J]. 政治学研究，2008（3）：90 – 98；马全中. 非政府组织概念再认识 [J]. 河南社会科学，2012（10）：36 – 39.

② 也有学者将 civil society 译为"市民社会"，将 corporatism 译为"社团主义"。

③ 邓正来. 市民社会理论的研究 [M]. 北京：中国政法大学出版社，2002.

④ 王名. 走向公民社会：我国社会组织发展的历史及趋势 [J]. 吉林大学社会科学学报，2009，49（3）：5 – 12.

拥有的资源和活动空间在不断扩大，认为这一现象可以用"公民社会"这一概念来概括，以揭示当下中国社会组织和社会结构发生的变化，而不必纠结其是否具有制衡国家权力的政治属性。在后来的研究中，由于中国经验与西方理论之间存在张力，以 Frolic①、朱健刚②等为代表的一部分学者对"公民社会"的概念加以调试，相继提出了"国家引导的公民社会"（state-led civil socie-ty）、"前公民社会"等概念以解释我国社会组织的特征。

然而，这些操作却遭到一些学者的质疑与批评，他们认为这种调试概念下的公民社会与国家法团主义在本质上没有区别。并且，中国社会组织的实际情况是不可能也并没有作为与国家相对的力量而存在，公民社会理论强调社会组织的自主性、对抗性和制约作用，无法解释我国国家与社会间由来已久的合作关系状态。因此转而寻求新的解释路径——法团主义。

第二，法团主义理论的运用。法团主义的思想渊源可以追溯至欧洲的天主教义和民族主义以及社会有机体理论。③ 学界通常认为，法团主义作为制度结构的称谓，是在 20 世纪 70 年代末经由 Schmitter 系统概括而成的。所谓法团主义，"是一个特指的观念、模式或制度安排类型，它的作用是将公民社会中的组织化利益联合到国家的决策结构中。它得到国家的认可（如果不是有国家建立的话），并被授权给予本领域内的绝对代表地位。作为交换，它们在需求表达、领袖选择、组织支持等方面，受到国家的相对控制"④。根据国家与社会力量对比的差异，Schmitter 将法团主义分为"国家法团主义"和"社会法团主义"，并认为发达的资本主义国家通常表现为"社会法团主义"结构，而那些具有威权传统的地区则倾向于"国家法团主义"的结构。法团主义认为，多元主义设想的政治均衡状态是难以实现的，国家应该成为一个积极主动的行动主体，将多元化团体整合到国家决策结构中，让每个团体都有公平的利益表达和实现的机会，并进一步使其服从于国家的整体利益。⑤ 将法团主义作为分析国家与社会关系的理论工具，关键在于它看到了利益结构中国家占据相

① FROLIC B M. State-led civil society ［M］// BROOK T, FROLIC B M. Civil society in China. New York: M. E. Sharpe, 1997: 46 – 67.

② 朱健刚. 草根 NGO 与中国公民社会的成长 ［J］. 开放时代, 2004（6）: 36 – 47.

③ 张静. 法团主义 ［M］. 北京: 东方出版社, 2015.

④ 张静. 法团主义 ［M］. 北京: 东方出版社, 2015.

⑤ 吴建平. 理解法团主义: 兼论其在中国国家与社会关系研究中的适用性 ［J］. 社会学研究, 2012（1）: 174 – 198.

对强势的主导地位，并且由于法团主义既可以从社会法团主义概念强调多元主义，又能从国家法团主义层面为威权政体研究所用，因此有关它的讨论与研究相对较多。

在法团主义研究的世界浪潮下，自 20 世纪 90 年代以来，法团主义在中国也逐渐盛行起来。持这一观点的学派认为，我国的社会组织正在兴起，但并"不是简单走向多元主义的道路，而是出现了新的权力结构"①，"在原有体制的惯性下，……呈现出多边合作、混合角色及相互依赖的发展形态"②。顾昕和王旭的研究表明，监管我国社会团体的行政法规体系时强大的国家主义的遗产，具有明显的国家法团主义特征。③ 还有学者以法团主义为理论基础，结合我国案例实际情况创造性地提出了"庇护性国家法团主义"和"层级性国家法团主义"④，"地方性国家法团主义"⑤ 等概念。

法团主义的分析框架也遭到一些研究者的批判。学者们认为尽管法团主义与我国的实际情况存在高度相似性，但其内在逻辑迥异，且缺乏运用法团主义的社会基础。⑥ 我国政府与社会组织的关系在形式上具有"国家法团主义"的痕迹，但是仔细推敲，似乎仍然是一种国家主义或全能主义。面对这种争论，有些学者倾向于采用一种调和的态度，认为面对中国丰富的社会组织现实，公民社会和法团主义都有一定的解释力⑦，自下而上和自上而下两种社会组织成长模式很清楚地说明了这一点。⑧

（2）提出本土化概念进行分析

有学者认为，改革开放以来，利益多元分化重塑了当代中国国家与社会的

---

① 陈家建. 法团主义与当代中国社会 [J]. 社会学研究，2010 (2)：30 – 43.

② 张静. 法团主义 [M]. 北京：东方出版社，2015.

③ 顾昕，王旭. 从国家主义到法团主义：中国市场转型过程中国家与专业团体关系的演变 [J]. 社会学研究，2005 (2)：155 – 175.

④ 张钟汝，范明林，王拓涵. 国家法团主义视域下政府与非政府组织的互动关系研究 [J]. 社会，2009 (4)：167 – 194.

⑤ 徐建牛. 地方性国家法团主义：转型期的国家与社会关系——基于对大涌商会的个案研究 [J]. 浙江学刊，2010 (5)：111 – 115.

⑥ 吴建平. 理解法团主义：兼论其在中国国家与社会关系研究中的适用性 [J]. 社会学研究，2012 (1)：174 – 198.

⑦ 范明林. 非政府组织与政府的互动关系：基于法团主义和市民社会视角的比较个案研究 [J]. 社会学研究，2010 (3)：159 – 176.

⑧ MA Q. Corporatism vs civil society：NGOs in the economic realm [M] // MA Q. Non-governmental organisations in contemporary China：paving the way to civil society. Oxford：Routledge，2006：136 – 166.

关系。公民社会理论和法团主义不完全符合中国的文化传统和社会结构。对改革后中国国家与社会关系的解释必须来源于自身的经验。① 因此，他们认为西方公民社会理论和法团主义理论都不能很好地解释现实语境下的社会组织与政府的关系，转而寻求提炼一些本土化的概念与理论，如官民二重性②、分类控制、非对称依赖、利益契合等。

"分类控制"的理念认为，在国家对多种社会组织的控制体系中，政府的利益需求和被控制对象的挑战能力及社会功能决定了政府的控制策略和控制强度。而后，分类控制的概念又被衍生为"行政吸纳社会"，用来概括国家与社会关系的结构特征，认为国家通过限制、功能替代等方式，将社会组织纳入管理体制，实现相互融合。③ 在这一讨论中，国家被视为具有经济收益和政治风险考量的行动主体，此论断成为诸多后续研究的起点。但这一概念并非没有限制：第一，对于特定组织而言，它在类别坐标系中的坐标是不清楚的；第二，这个单维度的框架忽略了社会的能动性。④ 江华等基于理性选择视角提出"利益契合"的概念框架，认为国家与社会的关系既非完全的政府控制，又非控制与支持并行，而是在政府控制下的支持。他在"分类控制"的基础上进一步指出，行业协会能够影响政策的基本前提是协会与政府之间的利益达成一致。⑤

除此之外，Lu 认为有着不同组织历史的社会组织与国家形成了不同的关系，大体上表现为渗透与谈判两个方面，他提出了"依附的自主性"这一重要概念来解释中国社会组织与国家之间的演化关系。⑥ 徐宇珊从资源依赖理论出发，认为中国的基金会与政府在资源方面互有需求、相互依赖，政府资源和

① 刘安. 市民社会？法团主义？：海外中国学关于改革后中国国家与社会关系研究述评 [J]. 文史哲, 2009 (5)：162-168.

② 王颖，折晓叶，孙炳耀. 社会中间层：改革与中国的社团组织 [M]. 北京：中国发展出版社, 1993.

③ XIAOGUANG K, HENG H. Administrative absorption of society：a further probe into the state-society relationship in Chinese mainland [J]. Social Sciences in China, 2007 (2)：116-128.

④ 纪莺莺. 治理取向与制度环境：近期社会组织研究的国家中心转向 [J]. 浙江学刊, 2016 (3)：196-203.

⑤ 江华，张建民，周莹. 利益契合：转型期中国国家与社会关系的一个分析框架——以行业组织政策参与为案例 [J]. 社会学研究, 2011 (3)：136-152.

⑥ LU Y. Non-governmental organizations in China：the rise of dependent autonomy [M]. Oxford：Rouledge, 2009.

社会慈善资源可以相互转化，但这种转化是不均衡的，由此导致了政府和基金会的非对称性依赖关系。① 由此可见，在分析现实语境下社会组织与政府的关系及其蕴含的行为逻辑时，研究者采用了多种理论视角，如资源依赖理论、理性选择理论、嵌入性理论等，提出了许多建设性的概念框架。

2. 社会组织困境与行动策略研究

结构争论的研究为揭示国家与社会的关系做出了重要贡献，但这一分析路径为静态结构分析，而国家权力与社会力量之间的互动是一种不断变化和充满冲突与妥协的动态过程。另外，将国家与社会等同于地方政府与社会组织的做法也存在弊病：地方政府与社会组织并非均质的主体，同一社会组织与不同的地方政府，以及不同的社会组织与同一地方政府之间的关系可能会大不相同，因此，有学者号召从具体的行动出发来研究社会组织。② 在这部分研究中，组织社会学的分析路径占有重要地位，根据研究视角的不同，大体上也可以细分为两类：一是从中观组织层面依托资源依赖理论进行的研究；二是运用新制度主义理论，从更加微观的角度分析社会组织互动中的行动策略与行为逻辑。这些研究存在相互交叉的状况，但侧重点不同。

中观层次的研究将国家和社会具体化为组织，围绕组织的具体运作及其如何处理与环境之间的关系等问题展开，主要运用资源依赖理论进行研究。如胡杨成和蔡宁借鉴资源依赖理论的分析框架对非营利组织市场导向的动因进行了理论上的诠释。③ 陈天祥和徐于琳以广州青年志愿者协会辖下的启智队为例，分析了其生存和发展所依赖的关键资源和掌握这些资源的组织，以及为了使资源最大化，同时减少对这些资源的依赖，以提高组织的自主性所采取的各种行动策略，包括通过合作建立双方的相互依赖关系、社会资源内部化和强化内部资源的整合和利用等。④ 徐家良和刘春帅从资源依赖理论出发，按照推动主体的不同，将我国已成立的社区基金会分为政府主导运行模式、企业主导运行模式和居民主导运行模式，对 3 种模式的形成原因、运行特点和产生问题进行了

---

① 徐宇珊. 非对称性依赖：中国基金会与政府关系研究 [J]. 公共管理学报，2008（1）：33 – 40.

② 纪莺莺. 当代中国的社会组织：理论视角与经验研究 [J]. 社会学研究，2013（5）：219 – 249.

③ 胡杨成，蔡宁. 资源依赖视角下的非营利组织市场导向动因探析 [J]. 社会科学家，2008（3）：120 – 123.

④ 陈天祥，徐于琳. 游走于国家与社会之间：草根志愿组织的行动策略——以广州启智队为例 [J]. 中山大学学报（社会科学版），2011（1）：155 – 168.

比较分析。① Hsu 运用公民社会框架和私有化观点研究了 7 个中国社会组织，发现组织视角可以帮助解释 NGO 为什么倾向于依赖政府而不是反对政府，这是由组织生存需要和合法性需要决定的。②

中观组织层面的研究看到了资源和制度对社会组织行为的约束作用，但对社会组织的能动性强调不够③，有学者号召从更加微观具体的互动中分析社会组织的行动策略与行为逻辑。微观层面上的研究多从具体的案例出发，将国家视为行动的场域，而将地方政府和社会组织视为场域中的行动主体，多运用新制度主义理论总结现实语境下社会组织的生存策略，也提出了一些诸如"组织外形化""非正式政治""非协同治理—策略性应对""不完全合作"等本土化的概念和理论。

现实语境下社会组织的生存面临着资源困境和制度困境，它们有着怎样的生存策略？田凯指出面对制度环境的压力时，往往会出现 NGO 组织形式与实际运作方式明显不一致的现象，他将此称为"组织外形化"，认为这是组织行动者理性选择的策略。④ 除了形式与实际的分离之外，关系政治也是学界普遍认同的社会组织的关键策略之一。如赵秀梅发现，社会组织会利用国家权威或者政府行政网络来实现自我合法化⑤，对于草根社会组织来说，当无法依托正式的规章制度和程序进行日常运作时，会寻求非正式关系网络。⑥ 其后的研究证实了社会组织领袖及其关键人物的非正式关系在社会组织行动中起到重要作用。⑦ 社会组织之间的不完全合作也是其在外部政治机会空间有限和组织限制条件下的主动策略性行动选择。⑧

————————

① 徐家良，刘春帅. 资源依赖理论视域下我国社区基金会运行模式研究：基于上海和深圳个案 [J]. 浙江学刊，2016（1）：216 – 224.

② HSU C. Beyond civil society：an organizational perspective on State-NGO relations in the People's Republic of China [J]. Journal of Civil Society，2010，6（3）：259 – 277.

③ 吕纳. 公共服务购买中的政府与社会组织互动关系研究 [D]. 上海：上海大学，2013.

④ 田凯. 组织外形化：非协调约束下的组织运作——一个研究中国慈善组织与政府关系的理论框架 [J]. 社会学研究，2004（4）：64 – 75.

⑤ 赵秀梅. 中国 NGO 对政府的策略：一个初步考察 [J]. 开放时代，2004（6）：5 – 23.

⑥ 张紧跟，庄文嘉. 非正式政治：一个草根 NGO 的行动策略——以广州业主委员会联谊会筹备委员会为例 [J]. 社会学研究，2008（2）：133 – 150.

⑦ XIE L. China's environmental activism in the age of globalization [J]. Asia Politice & Policy，2011，3（2）：207 – 224.

⑧ 朱健刚，赖伟军. "不完全合作"：NGO 联合行动策略——以"5·12"汶川地震 NGO 联合救灾为例 [J]. 社会，2014（4）：187 – 209.

当研究者将社会组织的研究下沉到行动分析的时候，注意到政府与社会组织的非均质性。黄晓春和嵇欣以"分类控制"和"利益契合"为理论标靶，认为两者都存在一定的解释盲区。当下社会组织所处的中国宏观政策环境具有较高的含混性特征，导致地方政府在处理社会组织相关问题时采取"灵活治理"的策略，这意味着社会组织在实践中所遇到的制度环境是高度复杂和非系统性的。"分类控制""利益契合"等基于整体国家视角出发的理论无法揭示社会组织行动策略的实质内涵，尤其无法厘清不同策略的条件和约束。他们将地方行政治理结构中的行动主体划分为"条""块"和党群部门三类，提出了"非协同治理—策略性应对"的分析框架，总结了不同制度逻辑下社会组织的自主性空间。①

（二）旅游情境中的社会组织研究

1. 社会组织在旅游中的作用研究

（1）对社会组织在旅游中的作用认知

社会组织作为可持续旅游（生态旅游、替代性旅游、志愿者旅游）的主要倡导者和实践者已有20余年，在旅游发展中起到了重要作用。② 然而，到目前为止，旅游文献中对社会组织的关注仍然是十分有限的。③ 尽管有学者已经认识到社会组织是旅游发展中重要的行动者之一，如Mazurkiewicz-Pizlo通过分析社会组织对波兰葡萄酒旅游影响，发现NGO在提升当地人参与技能、旅游产品设计、宣传等方面发挥着积极作用，认为"没有它们，就没有葡萄酒旅游"④。总的来看，学者对社会组织的作用认知主要集中在环境保护与生态治理、社区参与和赋权两方面。

首先是环境保护与生态治理研究。以 *Journal of Sustainable Tourism* 为阵地，

① 黄晓春，嵇欣. 非协同治理与策略性应对：社会组织自主性研究的一个理论框架［J］. 社会学研究，2014（6）：98－123.

② WEARING S, MCDONALD M, PONTING J. Building a decommodified research paradigm in tourism：the contribution of NGOs［J］. Journal of Sustainable Tourism, 2005, 13（5）：424－439.

③ de BRITO P M, FERREIRA A M, COSTA C. Tourism and third sector organisations：strangers or partners？［J］. Tourism Planning & Development, 2011, 8（1）：87－100.

④ MAZURKIEWICZ-PIZLO A. The importance of non-profit organisations in developing wine tourism in Poland［J］. Journal of Tourism and Cultural Change, 2015, 14（4）：339－349.

研究者发表了一些关于环保类社会组织在减轻旅游影响方面的研究成果，如Mason 等人以世界自然基金会为例，认为 NGO 在寻求资金、引发公众关注等方面保护了北极旅游中的生态环境。① 除了为地方引入资金之外，社会组织更多地扮演着桥接型组织的角色，它将外部的理念和资源带到地方，促使地方形成一个多元化的空间，最终实现生态的协作治理。② 而在这个过程中，组织多方行动者和多层次的治理实践使决策制定的过程超出了政府的行政管理边界，创造了新的权威和权力集合体，这种多层次性不仅揭示了国家和社会关系间变动的复杂性，而且还揭示了自然与社会之间、生态与经济之间的复杂性。③

其次是社区参与和赋权研究。学术界对社会组织的重视始于参与式发展理念的盛行④，受其影响，旅游研究也开始关注社会组织在社区参与和社区赋权中所扮演的角色（见表 2 - 5）。通常认为，社会组织在促进社区参与以及不同群体的互动方面具有积极作用⑤，与其他利益相关者不同的是，社会组织更关注人的发展，而不是项目。⑥ 由于不追求利润，因此社会组织能为社区带来更加可持续的、长久的利益，最终能提升社区的生活质量。⑦ Svonorou 和 Holden认为，对于保护型社会组织来说，环境保护与社区发展是一对共生关系，为了生态旅游取得成功，NGO 的行动必须赢得社区的支持和参与。他们通过对世界自然基金会在希腊一个森林保护区的考察，发现该 NGO 通过引导成立妇女

① MASON P, JOHNSTON M, TWYNAM D. The World Wide Fund for nature arctic tourism project [J]. Journal of Sustainable Tourism, 2000, 8 (4)：305 - 323.

② JAMAL T, WATT E M. Climate change pedagogy and performative action: toward community-based destination governance [J]. Journal of Sustainable Tourism, 2011, 19 (4 - 5)：571 - 588.

③ PELLIS A, LAMERS M, Van der DUIM R. Conservation tourism and landscape governance in Kenya: the interdependency of three conservation NGOs [J]. Journal of Ecotourism, 2015, 14：130 - 144.

④ 杨小柳. 西方参与发展的理念和实践 [J]. 广西民族学院学报（哲学社会科学版），2006 (3)：70 - 76.

⑤ BARKIN D, BOUCHEZ C P. NGO - community collaboration for ecotourism: a strategy for sustainable regional development [J]. Current Issues in Tourism, 2002 (5)：245 - 253.

⑥ SURESH K T, BABU H, SIVA S. Reflections on the role of NGOs in tourism with reference to India [J]. Tourism Recreation Research, 1999, 24 (2)：88 - 91.

⑦ SIMPSON M C. Community benefit tourism initiatives: a conceptual oxymoron? [J]. Tourism Management, 2008, 29 (1)：1 - 18; DOIRON A. Tourism development and the third sector: a case study on Dawson City, Yukon [D]. Concordia University, 2001.

合作社、提供就业机会等为当地妇女赋权，增强了社区居民的自豪感。① 有国内学者指出，在落实社区参与时，应将社会组织视为关键行动者，其不仅可以扶助社区，还能制衡政府和企业的不当决策与行为。②

表2-5　旅游研究中社会组织的作用认知

作用认知	来源
安排和组织旅行活动	Mensah 等③
促进社区参与，提升社区生活质量	Mensah 等，孙 九 霞④，Doiron⑤，Burns 和 Barrie，Jamal 和 Watt⑥，Suresh 等⑦，Barkin 和 Bouchez⑧
保护环境	Mensah 等，Mason 等⑨，Halpenny⑩，Jamal 和 Watt，Pellis⑪

① SVORONOU E, HOLDEN A. Ecotourism as a tool for nature conservation: the role of WWF Greece in the Dadia-Lefkimi-Soufli Forest Reserve in Greece [J]. Journal of Sustainable Tourism, 2005, 13 (5): 456 – 467.

② 孙九霞. 旅游人类学的社区旅游与社区参与 [M]. 北京: 商务印书馆, 2009: 299 – 305.

③ MENSAH E A, AGYEIWAAH E, DIMACHE A O. Will their absence make a difference? the role of local volunteer NGOs in home-stay intermediation in Ghana's Garden City [J]. International Journal of Tourism Cities, 2017, 3 (1): 69 – 86.

④ 孙九霞. 旅游人类学的社区旅游与社区参与 [M]. 北京: 商务印书馆, 2009: 299 – 305.

⑤ DOIRON A. Tourism development and the third sector: a case study on Dawson City, Yukon [D]. Concordia University, 2001.

⑥ JAMAL T, WATT E M. Climate change pedagogy and performative action: toward community-based destination governance [J]. Journal of Sustainable Tourism, 2011, 19 (4 – 5): 571 – 588.

⑦ SURESH K T, BABU H, SIVA S. Reflections on the role of NGOs in tourism with reference to India [J]. Tourism Recreation Research, 1999, 24 (2): 88 – 91.

⑧ BARKIN D, BOUCHEZ C P. NGO – community collaboration for ecotourism: a strategy for sustainable regional development [J]. Current Issues in Tourism, 2002 (5): 245 – 253.

⑨ MASON P, JOHNSTON M, TWYNAM D. The World Wide Fund for nature arctic tourism project [J]. Journal of Sustainable Tourism, 2000, 8 (4): 305 – 323.

⑩ HALPENNY E A. NGOs as conservation agents: achieving conservation through marine ecotourism [M] // GARROD B, WILSON J C. Marine ecotourism: issues and experiences. Clevedon: Channel View Publications, 2003: 107 – 121.

⑪ PELLIS A, LAMERS M, Van der DUIM R. Conservation tourism and landscape governance in Kenya: the interdependency of three conservation NGOs [J]. Journal of Ecotourism, 2015, 14: 130 – 144.

（续上表）

作用认知	来源
保护当地文化	Mensah 等，谢金林、陈刚①
制衡政府和企业	Simpson②，孙九霞
促进目的地旅游开发	Mazurkiewicz-Pizlo③，Finnety④

（2）影响社会组织在旅游中的作用的因素

Reed 采用"交换代理人"（exchange agents）的概念提出一个四维分析框架，认为乡村地区的变化特征、NGO 的角色与方向、NGO 之间的网络关系以及 NGO 和公共部门之间的合作都会影响 NGO 服务的提供。⑤ Halpenny 在对比 6 个来自发达国家和发展中国家的 NGO 在海洋生态旅游领域的行为之后，认为决定项目是否成功有 3 个关键标准：适当的环境，即目的地本身拥有的资源品级；足够的资源，即社会组织是否拥有相应的资金和智力资源为当地提供技能培训和产品开发；合理的规划和管理，即纳入社区共享沿海资源。⑥ 也有研究者认为在考察社会组织作用的影响因素时，要跳出组织自身的使命、资源、个性等因素，而将目光放置在决定组织特征的社会和政治环境上。⑦ 据此，Lovelock 通过一系列的对比研究，发现国别、文化对环境 NGO 的行为影响深远，西方的社会组织能够有效地利用发达国家相对完善的制度和区域规划，所

① 谢金林，陈刚. 民间组织、经济租与民族旅游的可持续发展：以泸沽湖地区为例［J］. 云南社会科学，2009（5）：63－67.

② SIMPSON M C. Community benefit tourism initiatives：a conceptual oxymoron？［J］. Tourism Management，2008，29（1）：1－18.

③ MAZURKIEWICZ-PIZLO A. The importance of non-profit organisations in developing wine tourism in Poland［J］. Journal of Tourism and Cultural Change，2015，14（4）：339－349.

④ FINNETY S. Analyzing the roles of local non-governmental organizations（NGOs）in sustainable tourism：a case study of Belize, Central America［D］. Wilfrid Laurier University，2001.

⑤ REED M G. The provision of environmental goods and services by local non-governmental organizations：an illustration from the Squamish Forest District, Canada［J］. Journal of Rural Studies，1997，13（2）：177－196.

⑥ HALPENNY E A. NGOs as conservation agents：achieving conservation through marine ecotourism［M］// GARROD B，WILSON J C. Marine ecotourism：issues and experiences. Clevedon：Channel View Publications，2003：107－121.

⑦ LOVELOCK B. Why it's good to be bad：the role of conflict in contributing towards sustainable tourism in protected areas［J］. Journal of Sustainable Tourism，2002，10（1）：5－30.

以跟亚洲的 NGO 相比，它们更倾向于采用相对温和的策略，而不是对抗性的方式。①

（3）对社会组织在旅游中的作用的反思

近年来一些研究指出，过分强调旅游发展中社会组织"都是好的"的研究价值取向存在很多不足。实际上，社会组织在旅游中起到的作用如何测量和评估仍然缺乏统一、有效的标准和方法。② Lovelock 曾试图通过对亚太地区 46 个环保型社会组织（ENGO）的问卷调查，了解 ENGO 是否真的能降低旅游对环境造成的负面影响，但他的评价标准主要来源于 NGO 的自我评判，过于主观而难以令人信服。

因此，有研究者号召要在对社会组织行为进行细致剖析的基础上，需要更多对比性的研究去探讨和质问旅游发展中"社会组织实现了什么？到底有什么不同？"作为组织，NGO 也不可避免地受到财力和人力资源的限制，可能拥有低下的管理效率，而且旅游项目不是在真空中进行的，很明显地，社会组织的实践受制于国家、全球政治经济以及捐赠者，他们都在不同程度上影响其操作。③ Salamon 曾给予提醒，指出学界对 NGO 存在"纯美德迷思"（the myth of pure virtue）的误解，认为尽管人们对 NGO 寄予巨大的期望，但是它的有效性还远未明确。④ 因此有必要考察社会组织的动机和影响力，不能随意浪漫地声称，社会组织是旅游发展中最好的决策者。⑤

为了响应这一号召，学界对社会组织在旅游中的作用进行了反思，例如有学者对中国社会组织在社区旅游中的参与困境现象进行分析，指出 NGO 在项目执行中遵循着项目制的运作逻辑，更加关注项目本身而不是西方研究中认为

① LOVELOCK B. A comparative study of environmental NGOS' perspectives of the tourism industry and modes of action in the South and South-East Asia and Oceania regions [J]. Asia Pacific Journal of Tourism Research, 2003, 8 (1): 1–14.

② KENNEDY K, DORNAN D. An overview: tourism non-governmental organizations and poverty reduction in developing countries [J]. Asia Pacific Journal of Tourism Research, 2009, 14 (2): 183–200.

③ LIBURD J J. NGOs in tourism and preservation democratic accountability and sustainability in question [J]. Tourism Recreation Research, 2004, 29 (2): 105–109.

④ SALAMON L M. The rise of the non-profit sector [J]. Foreign Affairs, 1994, 73 (4): 109–122.

⑤ BROCKINGTON D, SCHOLFIELD K. The work of conservation organisations in sub-Saharan Africa [J]. Journal of Modern African Studies, 2010, 48 (1): 1–33.

的"项目中的人"，这在一定程度上导致了社区居民对社会组织援助项目的反对。① Wang 等人以我国台湾桃米村为例，认为社会组织在震后帮助社区止损和带动社区产业转型方面起到了一定作用，但介入桃米村的两个外来社会组织——新故乡基金会和世新大学特有生物研究保育中心因发展理念不统一，以及随之而来的对社区领导权的争夺，带来了社区内部的分化、利益共享的缺失等负面影响，因此，作者强烈批判了将社会组织视为旅游治理过程中"专家"的做法。② Mensah 通过对志愿者旅游中 NGO 的角色研究，发现尽管 NGO 在安排国际志愿者的寄宿家庭（home-stay）、宣传当地文化、解决争端、推销目的地住宿、促进当地参与等方面发挥作用，然而，他们的活动本质上延续了国际志愿者和东道主之间不平等和不信任的关系，这些来自发达国家的 NGO 会与当地的寄宿家庭经营者进行讨价还价，向其支付非常低的费用，甚至拖延支付住宿费用。针对这些行为，作者指出志愿者组织既可以作为积极的社会文化变革的催化剂，也可以促进新殖民主义的发展，而案例呈现的结果最终可能会引发东道主对社会组织甚至是整个志愿旅游企业的不信任。③

2. 去商品化研究范式的争论

部分研究者认为西方的新自由主义和发展主义主导着当前的旅游研究，它们将追求经济利益视为发展的最终目标。这种商品化旅游的研究轨迹存在很大的负面影响，会限制我们理解分析旅游体验的能力，因此，旅游研究需要去商品化的研究范式（decommodified research paradigm）。社会组织是体现去商品化旅游实践的最佳代表，因为 NGO 采用"游客发展方式"（tourist development approaches），将本土东道主社区纳入其中，使游客与其交往的质量最大化，并在这个过程中尊重自然和保护生态环境。这种方式跟"跨国合作方式"完全不同，跨国合作追求利益最大化，不考虑环境影响。社会组织在旅游发展中强调非政治、非宗教、非营利，使合作能跨越性别、阶层、种族、民族、宗教、

① 孙九霞，杨莹. 项目制视角下非政府组织的参与困境：方村社区旅游故事 [J]. 西南民族大学学报（人文社科版），2018（1）：35 −41.

② WANG C C, CATER C, LOW T. Political challenges in community-based ecotourism [J]. Journal of Sustainable Tourism, 2016, 24（11）：1555 − 1568.

③ MENSAH E A, AGYEIWAAH E, DIMACHE A O. Will their absence make a difference? the role of local volunteer NGOs in home-stay intermediation in Ghana's Garden City [J]. International Journal of Tourism Cities, 2017, 3（1）：69 −86.

政治等界限，其组织文化是包容的，以有限的资源帮助发展中国家、地区和社区，并且因为没有营利的驱动力，他们强调旅游的价值在于个人成长的经历和社区经济、社会和环境的可持续发展。①

研究者还进一步指出应该要用一系列可替代的理论和哲学思想批判和挑战当前的旅游研究，如女性主义理论、生态中心主义、社区发展和后结构主义等切入旅游社会组织研究。第一，女性主义认为女性的压迫场所不仅包括工作场所（有酬或无酬），还包括休闲活动，将女性主义纳入旅游研究，可以关注到所有旅游参与者包括东道主和游客的各种体验，可以重新审视旅游业的价值。在旅游领域运营的社会组织取得了一些与女性主义理论相一致的研究成果。首先，社会组织并不寻求通过其知识和专长对当地社区施加过度的控制、权力或影响。其次，社会组织利用其有限的资源为发展中国家和地方社区提供所缺乏的资金和专业知识，而不是利用这些国家、区域和社区谋利。第二，许多从事旅游业的社会组织是从生态中心角度运作的，自然被认为具有内在价值，人类被认为受生态规律的制约，但商品化的旅游实践是以人为中心的，认为人类是所有价值的来源，大自然的存在是为了满足人类的需要和欲望，却没有内在的价值。因此，将人类视为地球上巨大生命网络中的一环，无权决定其他生命形式是否具有生存权的生态中心主义，是一种在性质上更加公平的观点。而社会组织是允许以生态中心哲学为基础的旅游实践主体，践行着更加可持续的旅游发展方式。第三，在去商品化的研究议程中，还可以探讨社区发展的方式。这种理念主张从社区内部而不是从外部进行变革，与变革相关的权力和决策应该由社区驱动和控制。第四，从后结构主义的角度来看，个体与自然以及旅游者、社区与旅游供应商之间的权力关系没有得到多少探讨，因此学界需要引入解构方法，对这些命题加以反思，研究者可以通过社会组织在旅游中的实践反思当下旅游研究中的知识建构。②

Butcher 对此加以批判，首先指出 Wearing 提出的上述四个替代理论中有两个（生态中心主义和社区发展）几乎已经成为旅游研究中的正统理论，因此并不存在什么替代之说；其次，批判将旅游视为现代性的观点中存在一个明

---

① WEARING S, MCDONALD M, PONTING J. Building a decommodified research paradigm in tourism: the contribution of NGOs [J]. Journal of Sustainable Tourism, 2005, 13 (5): 424 – 439.

② WEARING S, MCDONALD M, PONTING J. Building a decommodified research paradigm in tourism: the contribution of NGOs [J]. Journal of Sustainable Tourism, 2005, 13 (5): 424 – 439.

显的错误：由市场导致的商品化是经济发展的内在机制，任何地方都不可能逃脱世界市场。让发展中国家的社区退出商品化的世界，只会让他们更加依赖社会组织。换句话说，就是慈善代替了市场。实际上，很多社会组织的经历告诉我们，一旦社会组织撤出，生态旅游项目就会瓦解——如果没有环境社会组织持续的资金支持的话，去商品化的旅游在商品化的世界里经济上是不可行的。这个范式的逻辑起点是认为生态中心主义比人本主义更具有道德优越感，这是有问题的。其实真正所缺的不是去商品化的研究范式，而是将旅游研究纳入人本主义命题的意愿，将现代社会的众多利益传达给各方。①

随后，Wearing 予以反击。他认为，Butcher 将西方新古典经济学视为旅游研究中唯一有意义的范式的观点，恰恰说明了为什么旅游研究需要更加激进的替代范式。在这个观点中，东道主社区需要有人"帮助他们从自身的环境中解救出来"，这是一种西方民族中心主义，并没有考虑那些要接受"西方化"过程的当地居民的愿望和诉求。去商品化的研究范式并不主张退出全球旅游市场和网络，而是主张一种宝贵的社区主导的第三种发展方式。② 同时，Wearing 也承认，NGO"都是好的"，而企业和商业利益"都是坏的"的看法，并没有解释社会组织和商业运营商之间开始出现的日益模糊的和重叠的关系。事实上，随着社会组织开始与企业建立伙伴关系，NGO 可能会失去自己的初衷与核心——支持当地社区，而参与商品化的渐进过程。对此，他给出了回应，认为这种担忧实际上低估了当地社区维持局面的能力，社区不是被动地"受控制的"行动者，当 NGO 参与商品化进程时，社区会运用地方知识和权力进行日常斗争。③ 本书认为，这个解释存在偷换概念和转移话题之嫌，将"NGO 是否会从事商品化行为"的问题转移到"社区的日常反抗"上，并不足以证明以 NGO 旅游研究为代表的去商品化的研究范式的观点。

针对这一争论，有学者对去商品化的研究范式进行了实证研究，从美学价值（aesthetic value）、经济价值（economic value）和道德价值（ethical value）

---

① BUTCHER J. Natural capital and the advocacy of ecotourism as sustainable development [J]. Journal of Sustainable Tourism, 2006, 14（6）: 544 – 629.

② WEARING S, PONTING J. Reply to Jim Butcher's response to building a decommodifed research paradigm in tourism: the contribution of NGOs'[J]. Journal of Sustainable Tourism, 2006, 14（5）: 512 –515.

③ LYONS K, WEARING S. Volunteer tourism as alternative tourism: journeys beyond otherness [M] // LYONS K, WEARING S. Journeys of discovery in volunteer tourism: international case study perspectives. CABI, 2008: 3 – 11.

三方面考察志愿者旅游中的去商品化体验,认为游客的行为既是商品化的,又是去商品化的,具体程度则受游客对保护和发展的态度和优先顺序的影响。①

通过上述文献的回顾,在旅游社会组织的研究中仍有几个问题值得关注:

1) 缺少对非西方国家本土社会组织的关注。已有研究考察的主要是西方社会组织在本国或者西方国际社会组织在发展中国家的行为,对于非西方语境下诞生的本土社会组织鲜有研究,尤其是威权体制下的社会组织是否具有其独特的行动方式和行为逻辑等问题知之甚少。然而,学者已经证实,不同的政治环境对社会组织行为影响深远。② 因此,需要关注非西方语境下旅游社会组织的行为。

2) 反思旅游社会组织研究中浪漫化、理想化倾向。受美国主导范式的影响,绝大多数研究者的目光过于聚焦社会组织在旅游中有利的一面,认为社会组织"都是好的"。尽管在反思社会组织研究价值的号召下,有学者对此进行了自省和更加全面的研究,但显然这是不够的。

3) 从主体研究路径向规则研究路径推进。现有旅游导向的社会组织研究以案例总结居多,主要介绍这些组织的特征和行为方式,理论和框架较少。多数研究遵循主体研究路径分析逻辑,从社会组织的身份属性来分析他们的行为和特征,将其行为视为理解社会组织在旅游中角色与作用的一种途径,这里的行为成为辨识行动者身份的工具,而行为内在的张力及其生成的复杂过程被简化,行为背后所嵌入的关系网络、规则制度等因素被忽视。因此,进一步的研究需从行为的外在、表面化解读转向行为的内在运行逻辑的解释研究。

(三) 社会组织的嵌入研究

1. 现实语境下社会组织的嵌入研究

由于本书关注的是乡村振兴背景下社会组织在旅游实践中与地方行动主体之间的互动问题,从学理上来说,也就是探讨社会组织在乡村的地方嵌入问题,即社会组织与地方行动者之间的关联/融合程度对旅游实践效果的影响,

---

① GRAY N J, CAMPBELL L M. A decommodified experience exploring aesthetic, economic and ethical values for volunteer ecotourism in Costa Rica [J]. Journal of Sustainable Tourism, 2007, 15 (5): 463 – 482.

② LOVELOCK B. A comparative study of environmental NGOS' perspectives of the tourism industry and modes of action in the South and South-East Asia and Oceania regions [J]. Asia Pacific Journal of Tourism Research, 2003, 8 (1): 1 – 14.

因此，将社会组织嵌入的相关研究单独列出，作为重点进行梳理。根据嵌入主体和嵌入关系的不同，学术界对社会组织的嵌入研究集中在政府嵌入 NGO、NGO 嵌入政府、NGO 与政府互嵌、NGO 嵌入社区、NGO 嵌入社区和政府 5 个方面（见图 2 – 4）。

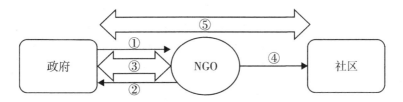

①：政府嵌入NGO
②：NGO嵌入政府
③：NGO与政府互嵌
④：NGO嵌入社区
⑤：NGO嵌入社区和政府

图2 – 4　社会组织嵌入研究主题间的关系

（1）政府对社会组织的嵌入式管理

这一部分的研究主要从政府的角度出发，强调国家通过嵌入渗透到社会，实现对社会组织嵌入监管的目的，是目前社会组织嵌入研究的主流。从嵌入的角度看待社会组织与政府间的关系研究起步比较晚，在对"分类控制"和"行政吸纳社会"进行批判的基础上，有学者提出了"嵌入型监管"的概念，认为国家会运用特定的策略组合营造符合国家政治偏好的环境，进而达到对社会组织的嵌入性干预和调控①，这种嵌入的方式是政府职能转型背景下控制社会组织培育和发展方向的一种过渡性路径②。受其影响，学者们在 Zukin 和 Dimaggio 提出的结构嵌入、认知嵌入、文化嵌入和政治嵌入维度的基础上，进行拓展利用，分析地方政府如何通过购买社会服务的方式，既实现对社会组织

---

① 刘鹏. 从分类控制走向嵌入型监管：地方政府社会组织管理政策创新 [J]. 中国人民大学学报，2011（5）：91 – 99.

② 付建军，高奇琦. 政府职能转型与社会组织培育：政治嵌入与个案经验的双重路径 [J]. 理论与现代化，2012（2）：108 – 114.

的培育和发展，又把社会组织控制在其自上而下的监管体制之中。① 例如，管兵提出的"反向嵌入性"概念，用来描述现有背景和制度空间下政府购买服务表现出的路径依赖现象，指出这种嵌入谋求的是国家通过直接介入到社会组织成立和运行中，形成名义上政府与社会的分离，在实质上仍能保持政府对社会的直接控制，让国家的资源仍然在系统内流动。② 还有学者具体考察了社会组织的党建活动，指出通过党组织嵌入社会组织，扩大执政党在社会领域的覆盖面，实现对社会的有效整合也是嵌入式管理的重要一环。③ 徐宇珊以深圳市社会组织党建工作为例，发现党组织的嵌入存在刚性嵌入和柔性嵌入两种类型，最终实现了党建工作的有效覆盖。④

政府的嵌入式监管给社会组织带来的影响，也是学者们关注的主要议题之一。王志华提出"体制嵌入"的概念，从关系嵌入、功能嵌入、结构嵌入和目标嵌入4种嵌入方式的具体表现形式及其嵌入效应进行了分析，认为体制嵌入的结果是导致社会组织的公共性、独立性、志愿性和非政府性等组织特性缺失，进而导致公共服务供给水平下降。⑤ 随后，其他学者也指出，政府组织通过将经济逻辑和政治逻辑嵌入社会组织中，而把社会组织纳入自身的行动逻辑中；社会组织则通过模仿政府组织的行动争取到自身发展的资源，其后果是双方在行动逻辑上变得更为趋同，进而导致社会组织公共服务的内卷化。⑥

以上研究都是从政府的角度出发，关注政府对社会组织的监管和控制，但是，对社会组织的能动性认识不足。因此，有些学者从社会组织的视角考察其嵌入政府中的行动策略，以及嵌入对自身的影响。

---

① 谢菲. 地方政府对社会组织培育的政治嵌入：基于广州市级政府层面的实证研究 [J]. 广州大学学报（社会科学版），2015（6）：31 – 36.

② 管兵. 竞争性与反向嵌入性：政府购买服务与社会组织发展 [J]. 公共管理学报，2015（3）：83 – 92.

③ 王杨. 结构功能主义视角下党组织嵌入社会组织的功能实现机制：对社会组织党建的个案研究 [J]. 社会主义研究，2017（2）：119 – 126.

④ 徐宇珊. 刚性嵌入与柔性融入：社会组织党建工作路径探索——以深圳市社会组织党建工作为例 [J]. 中共福建省委党校学报，2017（4）：47 – 53.

⑤ 王志华. 论政府向社会组织购买公共服务的体制嵌入 [J]. 求索，2012（2）：66 – 68.

⑥ 李春霞，巩在暖，吴长青. 体制嵌入、组织回应与公共服务的内卷化：对北京市政府购买社会组织服务的经验研究 [J]. 贵州社会科学，2012（12）：130 – 132；罗强强. "嵌入式"发展中的"内卷化"：社会工作参与基层社会治理的个案分析 [J]. 江西师范大学学报（哲学社会科学版），2018（4）：49 – 56.

（2）社会组织嵌入政府的行动研究

Ho 和 Edmonds 提出"嵌入社会行动主义"（embedded social activism）概念以解释 NGO 如何为公共目的服务、影响公共政策，同时与政治体系保持合作甚至共生关系。他认为，扩大的公民行动空间和独裁政治制度的共存为这种形式的嵌入创造了必要条件。① Lu 用"依附性自主"（dependent autonomy）来描述中国 NGO 既依赖国家，但同时又享受一定程度的自主性的现象，因为国家的内部差异导致中央政府对 NGO 的有限控制。② Yang 和 Alpermann 等人则认为前述研究都隐含了一种二分法的观点，即将社会组织视为只存在嵌入或者脱嵌两种状态，而他们倾向于将边缘化和嵌入理解为一个连续统一体的两个极端极点，运用嵌入性（embeddedness）和边缘化（marginalization）这两个概念来探讨中国国家与 NGO 关系的本质，通过 9 个中国青少年 NGO 的案例，识别出了 3 个独立的嵌入性指标：正式注册、与公共权威的非正式联系、NGO—政府关系的政治经济性，据此提出了中国公民社会组织政治嵌入/边缘化的综合概念模型。③ 朱健刚和陈安娜则通过以一个政府购买服务项目的实践为个案，解释了专业社工以政府购买服务的机制嵌入原有的行政社会工作之后，对街区原有治理主体形成的适应和挑战的过程，指出专业社工被吸纳到街道的权力网络过程中产生了外部服务行政化、内部治理官僚化和专业建制化的结果。④ 也有学者指出，我国社会组织的嵌入性主要表现在两个方面：国家和社会之间的社会行动表现为持续的互动和协商，而非对抗；这些互动和协商是通过人际网络和关系来实现的。而且，并非所有的社会力量都有能力进行嵌入性活动，国家和社会的合作只可能存在于社会的精英阶层，因为国家基于政治的、发展的、管理的逻辑会控制和吸纳精英社会人员和社会组织，而草根并不具备嵌入政治体系的能力。⑤

① HO P，EDMONDS R L. Perspectives of time and change：rethinking embedded environmental activism in China ［J］. China Information，2007，21（2）：331－344.

② LU Y. Non-governmental organizations in China：the rise of dependent autonomy ［M］. Oxford：Rouledge，2009.

③ YANG K M，ALPERMANN B R. Children and youth NGOs in China：social activism between embeddedness and marginalization ［J］. China Information，2014，28（3）：311－337.

④ 朱健刚，陈安娜. 嵌入中的专业社会工作与街区权力关系：对一个政府购买服务项目的个案分析 ［J］. 社会学研究，2013（1）：43－64.

⑤ 管兵. 统合、嵌入、参与：社会组织发展路径探讨 ［J］. 浙江学刊，2017（1）：57－63.

（3）社会组织与政府的互嵌研究

这一部分的研究并不多。有学者采用"双向嵌入"的概念来描述社会组织与政府之间相互嵌入的关系状态，认为社会组织在资源、合法性、制度支持方面嵌入国家，而国家的意志与目标却嵌入在社会组织的运作中，从而提升政体的治理能力。这种"双向嵌入"的结构使得国家与社会双方的权力都得到了提升，形成"双向赋权"，并且客观上成为我国构造国家与社会组织关系的现实选择。本书认为，双向嵌入的概念依然延续着资源依赖的思路，并没有跳出学界已有的诸如"非对称依赖"① 等理论的解释范畴。还有学者通过多案例比较，考察社会组织与政府互嵌过程中嵌入结构对组织行为以及组织能动性的影响，发现制度环境形塑了社会组织的嵌入结构与资源动员的对应关系，但当组织嵌入失灵导致资源动员不足使得项目执行效果较差时，能动的社会组织就会采用"项目景观化"的生存策略延续政府的购买服务。② 与之相似，徐盈艳和黎熙元在"分类控制"和嵌入的概念基础上，基于 G 市近十年政策文本和社会组织访谈资料，提出浮动控制与分层嵌入的概念，认为政府即便是针对同一类社会组织，也会依据政策目标和风险控制程度的差异，通过不同时期控制权所包含的不同要素在层级政府之间的分配，实现对它们的浮动控制，而专业社会组织也具备反诉的能力和空间，它们会针对政府控制权分配的不同层级进行分层嵌入。③

（4）社会组织对社区治理的影响

这一部分学者研究的起点是关注到社会组织的迅猛发展与其参与社区治理的有限效果之间的反差现象，他们从社区治理的角度出发，考察社会组织嵌入社区给社区带来的影响。根据社区嵌入性程度和组织专业性程度两个维度，研究者将社会组织分为社区社会组织、专业社会组织、理想社会组织和其他社会组织四类，并进一步指出，自上而下的政府环境与自下而上的社区环境构成了社会组织参与社区治理的双重环境，双重环境对社会组织场域内部各类组织（特别是专业社会组织和社区社会组织）的组织特征和行为逻辑产生影响，使得社区治理中的社会组织出现结构分化，即形成浮动的专业社会组织、虚弱的

① 徐宇珊. 非对称性依赖：中国基金会与政府关系研究 ［J］. 公共管理学报，2008（1）：33 – 40.

② 杨宝. 嵌入结构、资源动员与项目执行效果：政府购买社会组织服务的案例比较研究 ［J］. 公共管理学报，2018（3）：39 – 50.

③ 徐盈艳，黎熙元. 浮动控制与分层嵌入：服务外包下的政社关系调整机制分析 ［J］. 社会学研究，2018（2）：115 – 139.

社区社会组织、少量的理想社会组织和其他类型的社会组织并存的格局。① 还有学者基于社区嵌入理论分析框架，以深圳市的实践探索为样本，对政府主导、企业主导、居民主导三类具有本土特色的社区基金会发展模式进行比较分析，发现不同类型社区基金会的社区嵌入程度有所不同，指出从社区嵌入的各个维度来看，居民主导型的社区基金会是相对理想的模式。②

（5）社会组织嵌入社区和政府

鲜有研究者关注到社会组织同时嵌入社区和政府的现象。张紧跟通过对南海义务工作者联合会的个案梳理，发现其在行动策略上具有以下特点：一方面深深地嵌入国家体系之中，在追求"强合法性"的同时获得资源支持；另一方面又力求扎根本土和切入社会，寻求通过活动赢得民众的认可和支持，并且进一步指出这种双向嵌入的 NGO 自主性扩展方式，隐含着因与国家的"强联系"而削弱与社会的"弱联系"的风险。③ 有学者认为，对于社会组织同时调用国家与社会资源的行为，将其称为"双重嵌入"更为准确，因为它并不直接指示国家与社会之间的互动关系。④ 朱健刚等以国际狮子会为例，从认知、文化和结构三个维度考察美国式的志愿性慈善社团是如何嵌入中国本土的，他们发现，在美国志愿文化嵌入中国传统的福报观念中，基于互惠的逻辑产生了慈善消费主义的认知模式；西方 NGO 民主治理模式为会员嵌入中国"大佬话事"的权威主义社团文化，产生了选举文化与协商民主共生的中产阶级社团文化；狮子会与政府合作的传统和经验嵌入中国政府社团支配型的治理模式，使得狮子会与中国政府合作治理成为可能，双方可以在公益慈善领域中共同解决社会问题。⑤ 另外，国际社会组织力图在文化上不断嵌入地方治理体系中，以适应当地的权力格局，获得活动自身的正当性，但同时也会影响和改变当地

① 向静林. 结构分化：当代中国社区治理中的社会组织［J］. 浙江社会科学，2018（7）：99 - 106.

② 何立军，杨永娇. 社区嵌入视角下中国社区基金会典型模式比较分析：基于深圳的实践探索样本［J］. 江汉论坛，2018（7）：124 - 129.

③ 张紧跟. NGO 的双向嵌入与自主性扩展：以南海义工联为例［J］. 重庆社会主义学院学报，2014（4）：86 - 94.

④ 纪莺莺. 从"双向嵌入"到"双向赋权"：以 N 市社区社会组织为例——兼论当代中国国家与社会关系的重构［J］. 浙江学刊，2017（1）：49 - 56.

⑤ 朱健刚，景燕春. 国际慈善组织的嵌入：以狮子会为例［J］. 中山大学学报（社会科学版），2013（4）：118 - 132.

的治理文化与价值观念。①

　　纵观现有的文献，无论研究视角是宏观还是微观，嵌入主体是社会组织抑或是政府，对社会组织嵌入性的探讨依然没有跳出"国家—社会"关系的研究范式，仍然主要聚焦于社会组织与政府之间的嵌入研究。然而实际上，社会组织具有双重身份，既是国家代理人（state agent）又是社会行动者（social actor）。已有研究的分析路径侧重于社会组织作为国家代理人的身份，而忽视了其作为社会服务提供者与受益群体之间的嵌入关系。相对于社会组织如何嵌入国家以获取资源和合法性，或者国家如何嵌入社会组织以实现社会规制等宏大叙事而言，社会组织如何嵌入地方，如何与社区互动以实现社会服务的供给和社区治理等重要命题还有待于进一步深入探究。

　　可见，面对国家管控、社会组织依附的中国现实，许多学者自然将目光集中在了社会组织与政府的关系上，探讨社会组织的自治和嵌入程度，却忽视了社会组织项目执行中的行动嵌入过程以及具体的嵌入关系。然而，任何项目都不是在真空中进行的，地方嵌入对社会组织来说是至关重要的。嵌入程度决定了社区对项目的支持度，甚至影响社会组织在地方政府眼中的合法性。因而需要在社会组织的国家嵌入话题之外，关注地方嵌入的问题。

2. 旅游情境下社会组织的嵌入研究

　　从嵌入的角度考察旅游情境下社会组织的行为或者关系研究非常少见，Van Wijk 等人从组织创新的角度，以非洲野生动植物基金会（the African Wildlife Foundation，AWF）为例，考察了"嵌入能动悖论"（paradox of embedded agency），即嵌入在制度之中的组织是如何能预见制度变化带来的机遇问题，通过历时性追踪，识别出四个关键的机制：行动的全球在地化、政策意识和市场规避、实验、雇佣企业专家等，使得 AWF 在发展中保持着清醒的、积极开放的态度。其他的一些研究尽管没有明确提及"嵌入"一词，但研究主题集中在 NGO 执行项目中的互动关系方面，与嵌入研究存在交叠部分，因此一并单独列出予以整理。

　　社会组织的关系研究一部分是从具体的案例入手，以微观的视角揭示旅游活动中各利益相关者的互动过程，社会组织和其他利益相关者的关系大体可以总结为合作、对抗和陌生三种。在社会组织与政府之间的关系上，Zhuang 等

① 朱健刚. 国际 NGO 与中国地方治理创新：以珠三角为例 [J]. 开放时代，2007（5）：34－49.

以云南老君山生态旅游为例，指出社会组织的成功在于能够协调所有利益相关者（社会组织、当地居民、政府、私人企业）的资源，尤其是地方政府的支持对于社会组织来说是至关重要的。① 从另一个角度来说，重视社会组织的作用，支持社会组织的行动对于地方政府来说也是必要的，如果限制社会组织的行为，那么在某种程度上他们可能会采用相对激进的方式来实现参与的目的②，如利用目的地的地方性知识、社会组织的社会网络等与有权力的决策制定者进行博弈。也有研究发现，社会组织和旅游部门由于缺少对话，更多地呈现一种陌生人的关系状态。③ 不同于以往理解的社区依赖 NGO，Burns 和 Barrie 认为 NGO 与社区之间其实是一种相互依赖的关系，社会组织也会依靠与社区之间的合作不断壮大组织的影响力。④ 而在双方合作关系建立的过程中，由于社区本身是一个熟人社会，有着强烈的文化依赖关系，社会组织在嵌入社区的过程中可能会面临社区内的信任障碍，难以将当地的居民融入旅游发展中，所以，寻求社区成员对社会组织的信任是非常重要的。⑤

还有一部分研究跳出利益相关者的研究视域，聚焦国际社会组织项目执行中的"全球—地方"关系。研究者意识到当国际社会组织带着全球准则"一刀切"地进入地方时，忽视国家之间以及国家内部的差异，极有可能造成全球标准化与地方实践之间的冲突。面对这种情况，研究者需要质疑"谁有权力界定的标准是什么？为什么？"⑥ 有些学者则通过具体案例呈现了"全球—地方"关系的博弈过程和结果。例如 Jamal 和 Tanase 以罗马尼亚的一个主题公园为例，展示了公园建造过程中政策制定者、社区居民和 NGO 之间的博弈关

① ZHUANG H, LASSOIE J P, WOLF S A. Ecotourism development in China: prospects for expanded roles for non-governmental organisations [J]. Journal of Ecotourism, 2011, 10 (1): 46 – 63.

② LOVELOCK B. Tea-sippers or arsonists? environmental NGOs and their responses to protected area tourism: a study of the royal forest and bird protection society of New Zealand [J]. Journal of Sustainable Tourism, 2005, 13 (6): 529 – 545.

③ de BRITO P M, FERREIRA A M, COSTA C. Tourism and third sector organisations: strangers or partners? [J]. Tourism Planning & Development, 2011, 8 (1): 87 – 100.

④ BURNS P M, BARRIE S. Race, space and our own piece of Africa: doing good in Luphisi Village? [J]. Journal of Sustainable Tourism, 2005, 13 (5): 468 – 485.

⑤ NAULT S, STAPLETON P. The community participation process in ecotourism development: a case study of the community of Sogoog, Bayan-Ulgii, Mongolia [J]. Journal of Sustainable Tourism, 2011, 19 (6): 695 – 712.

⑥ DUFFY R, MOORE L. Global regulations and local practices: the politics and governance of animal welfare in elephant tourism [J]. Journal of Sustainable Tourism, 2011, 19 (4 – 5): 589 – 604.

系，认为整合全球准则与社区的、地方层面的准则能够帮助可持续旅游的实施。① Strauß 则考察了巴厘岛北部的当地行动者是如何形成联盟并加入国际 NGO 网络，以处理旅游发展中宗教、政治和环境问题的争论问题，研究发现，对于当地居民来说，景观是神圣空间，具有精神价值；对于 NGO 来说，景观具有生态科学价值，两种观念尽管存在偏差，但保护的理念促使他们共同抗争投资者商业经济导向的思维，这个联盟成功之处就在于整合了可持续的、生态科学的全球景观视角和源自风俗习惯、不成文地方法的地方景观概念。② 由此可见，国内外研究较少有将嵌入概念系统地应用于旅游情境中的社会组织研究。

（四）旅游目的地居民的信任研究

旅游发展和治理过程中目的地居民对机构的信任对于减少斗争、促进合作关系的发展，最终实现目的地的善政良治和可持续发展至关重要。但是，由于研究者过于关注旅游发展中利益相关者之间的权力关系，其他因素诸如信任问题则被忽视了，因此目的地居民的信任研究仍然是旅游语境中较少关注的话题。③ 然而，仅仅考虑权力关系是不够的，因为在旅游业中，过度关注权力意味着旅游决策和治理过程是在利益相关者之间的权力关系框架内制定和解释的，从这一角度来看，社区总是倾向于被视为受害者，这种视角不仅不会减少利益相关者之间的斗争，而且使善政和可持续旅游看起来毫无希望。④ 所以，需要在权力之外意识到其他的积极因素，如信任在旅游发展中的作用。

以毛里求斯学者 Nunkoo 为代表的研究者对目的地居民的信任进行了系统的研究。本书将按照文献发表的时间顺序，梳理其思想演变脉络。文献最早见于 2011 年，最初在社区旅游支持研究中将信任视为一个影响因子，认为当地居民对旅游业发展的态度受其对该行业收益和成本看法的影响，而信任影响感

① JAMAL T, TANASE A. Impacts and conflicts surrounding Dracula Park, Romania: the role of sustainable tourism principles [J]. Journal of Sustainable Tourism, 2005, 13 (5): 440 – 455.

② STRAUß S. Alliances across ideologies: networking with NGOs in a tourism dispute in northern Bali [J]. The Asia Pacific Journal of Anthropology, 2015, 16 (2): 123 – 140.

③ NUNKOO R, RAMKISSOON H, GURSOY D. Public trust in tourism institutions [J]. Annals of Tourism Research, 2012, 39 (3): 1538 – 1564.

④ STEIN S M, HARPER T L. Power, trust, and planning [J]. Journal of Planning Education and Research, 2003, 23 (2): 125 – 139.

知利益①，同时交换关系带来的积极的经济和社会结果会增加合作者之间的信任，所以对旅游成本和收益的预测会导致信任程度的不同，并且行动者的权力水平对社会交换过程也有着较大的影响，权力往往被视为信任的一个先决条件，当权力差距存在时，信任很难实现。② 受其影响，国内学者时少华等人对此做了类似的研究，其研究结果支持了 Nunkoo 关于旅游收益感知影响社区信任的结论，但是，在中国情境下旅游成本感知与信任之间并不存在显著影响关系。③

　　除了旅游机构的经济表现、旅游决策制定过程中的权力之外，该机构的政治表现，如腐败、透明、公正程度等，以及人际信任也共同决定着旅游机构的政治信任，而普遍认为的规范和价值观等文化因素则对居民信任并无显著影响。随后，Nunkoo 将前两个研究中的解释变量融合进一个复杂模型，从社会交换理论、制度理论和文化理论构建了居民对政府信任的测量模型。④ 国内学者庄晓平等人对该模型进行了中国情境下的验证，发现与国外研究结论相比，文化价值观的影响是显著的，作者认为这是由中国政治文化价值观中的"威权主义"导致的权威崇拜和依赖，但感知成本却对居民的政府信任态度影响并不显著⑤，这与国内其他学者的结论⑥是一致的，间接证明在发展主义导向下，我国社区居民对旅游收益的关注远远大于其为旅游发展需要付出的成本与代价。Nunkoo 和 Smith 还出版了论文集《信任、旅游发展与规划》（*Trust, Tourism Development and Planning*），系统地探讨了信任在旅游善治和可持续发展中的作用，如何促进参与式旅游规划的发展，不信任又是如何负面影响旅游规划和开发的，以及旅游发展如何能成为信任构建的基础等问题。研究者指出

　　① NUNKOO R，RAMKISSOON H. Developing a community support model for tourism ［J］. Annals of Tourism Research，2011，38（3）：964 – 988.

　　② NUNKOO R，RAMKISSOON H. Power，trust，social exchange and community support ［J］. Annals of Tourism Research，2012，39（2）：997 – 1023.

　　③ 时少华，李享，吴泰岳. 社会交换视角中的权力、信任对居民参与旅游发展的影响效应分析：以北京前门社区为例 ［J］. 地域研究与开发，2017（5）：127 – 133.

　　④ NUNKOO R，SMITH S L J. Political economy of tourism：trust in government actors，political support，and their determinants ［J］. Tourism Management，2013，36：120 – 132.

　　⑤ NUNKOO R，SMITH S L J. Political economy of tourism：trust in government actors，political support，and their determinants ［J］. Tourism Management，2013，36：120 – 132.

　　⑥ 时少华，李享，吴泰岳. 社会交换视角中的权力、信任对居民参与旅游发展的影响效应分析：以北京前门社区为例 ［J］. 地域研究与开发，2017（5）：127 – 133.

信任和不信任都是高度依赖情境的，信任、治理和可持续旅游之间有着复杂的关系，理性选择（rational choice）、社会建构（social construct）和合法性（legitimacy）为考察这种复杂关系提供了理论视角。①

实际上，关于居民信任讨论的起点是对旅游目的地研究中过度关注权力现象的批判与反思，Nunkoo 和 Gursoy 重思了旅游规划中的权力和信任关系，再次强调权力和信任是可持续和民主旅游规划过程中两个基本组成部分，信任与权力同等重要，不能仅用权力来描述旅游发展过程。② 在近两年的研究中，Nunkoo 及其合作者关注了不同旅游细分类型中居民的信任问题，如大型体育赛事中政府的政治表现腐败、透明和公众知识与信任之间的关系。③ 还对比了信任对社区居民支持大众旅游和替代性旅游程度的影响，由于不是所有的旅游类型都要求当地居民做出同样水平的牺牲，跟替代性旅游相比，大众旅游要求居民更多地牺牲环境、社会文化价值和思想体系，但受益却相对较少，因此，政治信任仅影响居民对大众旅游的支持度，对替代性旅游支持度的影响并不显著。④

借由已有文献的梳理，从旅游规划与开发的角度探讨目的地居民的信任是近几年新兴的话题，有学者评价 Nunkoo 开创了一个新的研究领域。⑤ 国内研究者紧随其后，近两年也开始逐渐关注这一领域，但仍停留在对西方理论模型验证的初始阶段。旅游目的地居民的信任研究仍然存在很多需要推进的地方。

1）过程视角的缺乏。对目的地居民信任的研究主要运用问卷调查测量社区的感知信任，进而考察感知信任的影响因素以及对旅游支持度的影响，这是一种横断面研究，只关注到信任关系的结果，却不能回答"居民信任如何产生、发展和变化"的问题。事实上，信任不仅仅只是一种可测量的心理感知

① NUNKOO R, SMITH S L J. Trust, tourism development and planning [M]. New York: Routledge, 2015.

② NUNKOO R, GURSOY D. Rethinking the role of power and trust in tourism planning [J]. Journal of Hospitality Marketing & Management, 2016, 25 (4): 512 –522.

③ NUNKOO R, RIBEIRO M A, SUNNASSEE V, et al. Public trust in mega event planning institutions: the role of knowledge, transparency and corruption [J]. Tourism Management, 2018, 66: 155 –166.

④ NUNKOO R, GURSOY D. Political trust and residents' support for alternative and mass tourism: an improved structural model [J]. Tourism Geographies, 2017, 3 (19): 318 –339.

⑤ XIANG H, YAYUN W. Trust, tourism development, and planning [J]. Annals of Tourism Research, 2015, 54: 224 –225.

状态，这种状态还是随着时间发展而不断变化的动态过程①，正如 Saunders 等学者所言，"识别信任构建过程中的变化机制以及反映调研对象信任关系的过去、现在和未来是重要的"②。故而，需要在定量评估社区居民感知信任水平之余，使用质性研究探究信任的动态建构过程。

2）缺少对居民与其他行动者信任关系的关注。现有研究讨论的核心是居民对政府的信任态度，即政治信任问题，而旅游发展往往涉及多个不同的利益相关者，他们相互依赖，共同构成了目的地的社会网络，信任在网络维系中起到重要作用。同时，各利益相关者掌握不同的资源和权力，有着不同的利益诉求③，社区在与之交往过程中会持不同的信任态度，仅研究政治信任显然是片面的，不能帮助我们更加全面地了解目的地居民的信任。

3）需要不同语境下的研究。信任是多维度的且高度依赖语境的，在不同的政治背景下信任在旅游发展中的角色有所不同，在既定的社会中得出的研究结论未必符合其他语境的现实情况。④ 进一步地，学者已经证实在不同的旅游发展类型中（如大众旅游和替代性旅游），因要求居民牺牲的程度不同，信任对旅游类型支持度的影响也存在差异（政治信任仅影响居民对大众旅游的支持）。⑤ 然而，根据国内学者的研究，我国社区居民的旅游感知成本与信任之间没有显著关系⑥，这意味着居民的牺牲程度不会影响其信任态度，所以这里存在一个具有争议的问题，即"在现实语境下，信任到底会不会影响居民对不同牺牲程度的旅游类型的支持度？"因此，本书关注社会组织引导的旅游发

① MÖLLERING G. Process views of trusting and crises [M] // BACHMANN R, ZAHEER A. Handbook of advances in trust research. Cheltenham：Edward Elgar Publishing Limited，2013：285 – 306.

② SAUNDERS M N K，LYON F，MÖLLERING G. Researching trust in tourism：methodological issues and associated concerns [M] // NUNKOO R，SMITH S L J. Trust，tourism development and planning. New York：Routledge，2012：168 – 179.

③ 孙九霞，苏静. 旅游影响下传统社区空间变迁的理论探讨：基于空间生产理论的反思 [J]. 旅游学刊，2014，29（5）：78 – 86.

④ NUNKOO R. Tourism development and trust in local government [J]. Tourism Management，2015，46：623 – 634.

⑤ NUNKOO R，GURSOY D. Political trust and residents' support for alternative and mass tourism：an improved structural model [J]. Tourism Geographies，2017，3（19）：318 – 339.

⑥ 时少华，李享，吴泰岳. 社会交换视角中的权力、信任对居民参与旅游发展的影响效应分析：以北京前门社区为例 [J]. 地域研究与开发，2017（5）：127 – 133；庄晓平，尹书华，孙艺萌. 旅游地居民对政府信任的影响因素实证研究：以世界文化遗产地开平碉楼与村落为例 [J]. 旅游学刊，2018，33（6）：24 – 35.

展类型，这种类型通常被认为是以社区利益为导向，社区牺牲较少，考察此类旅游语境下目的地居民与社会组织之间的信任关系状态对于认清这一问题具有重要意义。

（五）文献评述与小结

社会组织一直被认为是旅游发展中重要的利益相关者之一，它既可以打破私人部门追求经济利益的短期行为，又能弥补公共部门在社区能力建设方面存在的不足，以社区利益为导向，在促进社区参与、保护生态环境和地方文化等方面起到重要作用。既有研究为本书提供了诸多有益的启发和理论借鉴，但也存在一些值得进一步推进的不足之处。

（1）需要基于中国的旅游情境对拓展社会组织的认知

社会组织被绝大多数研究者认为是体现去商品化旅游实践的最佳代表，NGO 主导的旅游发展会将本土东道主社区纳入其中，使游客与其交往的质量最大化，并在这个过程中尊重自然和保护生态环境。因为没有营利的驱动力，他们强调的旅游价值在于个人成长的经历和社区经济、社会和环境的可持续发展。然而实际上，这些结论更多的是基于国外社会组织的旅游实践而得到的，旅游研究的国际话语体系中缺少来自中国社会组织的案例和认知，更别说社会组织的作用如何测量和评估仍然缺乏统一、有效的标准和方法。这需要从中国情境出发考察社会组织在旅游发展中的诉求和角色，拓展对旅游利益相关者的认知，讲好社会组织旅游实践的中国故事。

（2）现实语境下社会组织的嵌入研究缺乏对社区嵌入的系统研究

政治学、社会学等其他学科对现实语境下社会组织嵌入研究主要聚焦在社会组织与政府之间的嵌入关系上，较少研究从社区治理的角度关注社会组织与受益社区之间的嵌入关系。但实际情况却是，对于文化程度不高的乡村地区受益者来说，"受益人没有 NGO 的概念，更无法区分慈善组织的类型（比如官办 NGO、草根 NGO、境外 NGO）以及记住这些组织的准确名称"①。即使是社会组织的帮扶项目，也可能因为受益社区不了解，或者项目本身设计不符合社区利益诉求而遭到抵制与反对，受益社区的态度决定了社会组织能否成功嵌入社区，开展项目活动，所以，学者应该关注社会组织与社区之间的嵌入关系。

① 韩俊魁，纪颖. 汶川地震中公益行动的实证分析：以 NGO 为主线 [J]. 中国非营利评论，2008（2）：1-25.

（3）社会组织嵌入研究缺少对旅游发展项目的关注

受实践中社会组织业务类型的影响，多数社会组织研究关注的主题集中在环境治理、弱势群体维权、文化保护、公共卫生等社会问题治理项目领域，少数研究聚焦于扶贫与社区发展项目。后者与前者相比是相对"温和"的、更加符合地方经济发展需要和官员职位升迁诉求的项目类型，"如果 NGO 把活动定位于地方政府优先考虑的事项，那么两者合作的可能性将大大增加"①，意味着社会组织顺利嵌入地方的可能性会大幅提升②。旅游项目正是符合地方政府发展主义导向思维的活动，这是旅游在社会组织嵌入研究中的相对特殊性所在。因此，需要考察社会组织通过旅游发展项目嵌入地方是否意味着会更易于赢得地方信任的问题。

（4）旅游研究忽视了信任的流变性，需要进一步关注信任构建的过程

旅游中的信任研究主要运用问卷调查测量感知信任水平及其影响因素，只能回答"信任有多少和为什么"的问题。这种静态的横断面研究只关注了信任关系的结果，却忽视了信任本身具有流变性，是随着时间发展而不断变化的动态过程。感知信任测量的研究化约信任的复杂性，不利于我们了解信任关系背后主体之间的行动张力。"识别信任构建过程中的变化机制以及反映调研对象信任关系的过去、现在和未来是重要的"③，可以帮助我们了解为什么有些社会组织的旅游发展项目不能成功地嵌入社区。因此，社会组织与地方之间信任关系的动态构建过程成为本书的切入点。

三、研究问题

在整体把握已有研究的基础上，本书需要解决的核心问题是，"社会组织如何嵌入乡村的旅游发展？"按照"情境—行动—结果—机制—启示"的研究思路将其分解为以下四个子问题：

---

① HASMATH R, HSU J Y J. Isomorphic pressures, epistemic communities and State – NGO collaboration in China [J]. The China Quarterly, 2014, 220: 936 – 954.

② 翁时秀, 彭华. 旅游发展初级阶段弱权利意识型古村落社区增权研究：以浙江省楠溪江芙蓉村为例 [J]. 旅游学刊, 2011 (7): 53 – 59.

③ SAUNDERS M N K, LYON F, MÖLLERING G. Researching trust in tourism: methodological issues and associated concerns [M] // NUNKOO R, SMITH S L J. Trust, tourism development and planning. New York: Routledge, 2012: 168 – 179.

一是社会组织在嵌入乡村的过程中如何与地方政府和社区交往、互动？

首先需要搞清楚社会组织嵌入乡村过程的始末，即回答"是什么"的问题。只有了解外来的社会组织因何介入乡村，或者新生的社会组织缘何诞生，搞清楚事件发生的背景和过程才能进一步回答与嵌入有关的问题。

二是在旅游发展中，社会组织与乡村地方行动者在互动中形成了怎样的信任状态？

接着需要回答"怎么样"的问题，也就是进一步考察社会组织嵌入乡村的过程中，与地方行动者之间的信任状态，了解社会组织、地方政府和社区居民如何运作、维系或改变相互之间的信任状态，尤其是当信任危机产生导致社会组织脱嵌时，各主体如何运用自身的权力和资源进行博弈。

三是不同类型的社会组织嵌入乡村的结果有何差异？造成这种差异的原因是什么？

然后对上述行为进行解释，即回答"为什么"的问题。不同类型的社会组织在嵌入乡村过程为什么会出现不同的嵌入结果，影响这些结果的原因是什么，尤其是社会组织自身的行为逻辑在其中扮演着什么角色等问题均需要厘清。

四是对于认识社会组织在乡村旅游发展中的作用有什么启示和意义？

最后要回答"又如何（so what）"的问题，认清社会组织的行为逻辑的意义是什么，需要回到理论本身，实现与社区参与理论的对话，以及对于促进第三方力量参与乡村治理，实现乡村振兴有什么现实的借鉴意义。

四、分析框架

（一）以往分析框架的回顾

以往研究提出了一些社会组织嵌入的分析框架，但往往局限于某一类嵌入关系，既有一定的分析适用性，也存在相应的局限。

任园和黄洪基根据共青团对青年社会组织的培育路径，提出了意识嵌入（提供理念）、管理嵌入（建立平台）、组织嵌入（拉起队伍）、经济嵌入（引

进项目）和网络嵌入（整合体系）的分析框架。① 谢菲根据 Zukin 和 Dimaggio
提出的结构嵌入、认知嵌入、文化嵌入和政治嵌入，进一步将政治嵌入分为政
策嵌入、经济嵌入、关系嵌入、结构嵌入和目标嵌入四方面，并利用这个分类
对广州市政府的社会组织培育中的政治嵌入进行了分析。② 徐盈艳和黄晓星提
出了从浮动控制与分层嵌入一组分析维度来考察服务外包中的政社关系。③

何立军和杨永娇利用 Hagedoorn 提出的影响组织嵌入性三个层次：环境嵌
入性、组织间嵌入性和双边嵌入性，构建了社区基金会社区嵌入的分析框架，
其中，环境嵌入性指社区基金会的发展需要考虑社区环境的影响；组织间嵌入
性指组织所处的社会网络对其经济行为的影响；双边嵌入性是指社区基金会与
社区居民个体和家庭的深度互动。④ 向静林在分析社会组织参与社区治理中的
问题和原因时，建构了"外部环境—供求匹配—治理水平"的框架，其中，
外部环境是指社会组织参与社区治理时所置身其中的环境特征，主要包括自上
而下的政府环境和自下而上的社区环境；供求匹配是指社区对社会组织的需求
与社会组织对社区需求的供给之间的匹配关系；治理水平，是指社会组织在社
区治理中的参与程度和作用情况。⑤ 朱健刚和景燕春利用 Zukin 和 Dimaggio 对
嵌入的分类，构建了认知嵌入、文化嵌入和结构嵌入的分析框架。⑥

上述分析框架中关于社会组织与政府之间的关系嵌入、结构嵌入以及社会
组织与社区之间的供求匹配和文化嵌入等认知都对本书分析框架的构建具有积
极的启发意义。然而，显而易见的是，上述分析框架尽管最终致力于探讨社会
组织的行为逻辑，但讨论的语境都是集中于社会组织与政府之间的关系或者社
会组织与社区之间的嵌入关系。本书认为这是一种片面的分析框架：首先，社

① 任园，黄洪基. 城市化进程中共青团对青年社会组织的嵌入机制研究：以上海某"城中村"
青年和青年工作为个案［J］. 中国青年研究，2013（2）：47－52.

② 谢菲. 地方政府对社会组织培育的政治嵌入：基于广州市级政府层面的实证研究［J］. 广州
大学学报（社会科学版），2015（6）：31－36.

③ 徐盈艳，黄晓星. 促成与约束：制度嵌入性视角下的社会组织发展——基于广东五市政府购
买社会工作服务的实践［J］. 新视野，2015（5）：74－78.

④ 何立军，杨永娇. 社区嵌入视角下中国社区基金会典型模式比较分析：基于深圳的实践探索
样本［J］. 江汉论坛，2018（7）：124－129.

⑤ 向静林. 结构分化：当代中国社区治理中的社会组织［J］. 浙江社会科学，2018（7）：99－
106.

⑥ 朱健刚，景燕春. 国际慈善组织的嵌入：以狮子会为例［J］. 中山大学学报（社会科学版），
2013（4）：118－132.

会组织与政府之间嵌入关系的框架，本质上遵循着"国家—社会"二元分立的分析范式，这会导致结构分析遮蔽行动分析，忽视社会组织的能动性；其次，社会组织嵌入社区的过程中不可避免地会受到地方政府的影响，而嵌入社区的框架忽略了这一重要行动者。

（二）双重嵌入的分析框架

1. 分析维度的来源

无论是将国家视为一种行动者，还是将国家视为一种制度环境，通过对社会组织与政府之间关系的考察透视社会组织的行为逻辑，都是一种宏观视角切入的研究。既有分析框架的局限性预示着从微观视角提出新的分析框架的可能。根据研究问题，本书强调从互动、交换过程中理解信任，探讨的是行动者交互过程中信任的建立、变化、消解等过程。因此，这个分析框架是以行动主体为核心的。既有研究表明，中国的社会组织具有双重身份，一方面，扮演着国家代理人，需要完成一些政府机构派发的任务；另一方面，越来越多的社会组织意识到自己作为社会行动者的角色，不断地满足日益浮现的社会需求。①受双重身份的影响，旅游背景下社会组织的实践也涉及两类互动主体：作为国家代理人与政府之间的交往；作为社会行动者与社区之间的交往。

正式注册以获得合法身份，往往是社会组织与政府产生联系的先决条件，NGO 在行政网络中的位置会影响信息的流动或资源的获取。实现结构嵌入，社会组织更容易获得地方政府的信任，与其建立合作关系。② 所以，在与地方政府建立信任关系的过程中，嵌入结构获得合法身份是一个重要的维度。在合法身份之外，社会组织领导人或其内部关键人物的私人关系网络，尤其是与政府官员之间的非正式关系，也是影响地方政府感知的组织可信度的重要因素。③ 关系，成为社会组织与地方政府互动中需要考察的第二个维度。

在与社区互动中，Bano 指出社会组织凭借其技术专长和强大的社会政治

① JING Y. Dual identity and social organizations' participation in contracting in Shanghai [J]. 2018, 27（110）：180－192.

② YUEN S. Negotiating service activism in China: the impact of NGOs' institutional embeddedness in the local state [J]. Journal of Contemporary China, 2018, 27（111）：406－422.

③ XIE L. China's environmental activism in the age of globalization [J]. Asia Politice & Policy, 2011, 3（2）：207－224.

网络，能够实现社区嵌入，促成两者之间的长期合作伙伴关系，其中，技术专长指的是 NGO 利用技术手段解决问题的能力。① 本书将这种技术专长具象化为 NGO 为社区抱注的各种资源，是 NGO 嵌入社区的一个考量维度。还有研究者指出，社会组织作为第三方嵌入社区，突破了村庄内部的人际关系网络，通过志愿活动和网络促进社区的黏合，构建出新的信任关系。② 因此，网络嵌入是资源嵌入后更深层的影响。旅游研究中的许多学者认为社会组织在旅游发展中的一个重要作用是促进社区意识的转变③，使东道主产生新的积极的态度、价值观和行动④。本书认为"意识的转变"是社会组织制度嵌入的结果，带来了社区非正式制度改变的一种体现。综上，在与社区建立信任关系的过程中，社会组织嵌入社区的分析维度包括资源、网络和制度三方面。

2. 分析框架的阐释

由于本书关注的是社会组织在嵌入乡村社会结构中的信任关系状况，因此提出一个双重嵌入的分析框架（见图 2 – 5）。所谓"双重嵌入"（dual embed-dedness）指的是社会组织在推动乡村旅游发展中存在着两种嵌入关系：一种是社会组织与地方政府之间的嵌入关系，在这一关系维度中，社会组织通常在获取资源或合法性的过程中充当着被影响者的角色，与地方政府互动过程中会产生信任或不信任关系，因此，社会组织嵌入地方政府的箭头为虚线，而地方政府指向社会组织的箭头为实线。另一种是项目执行过程中社会组织与社区的交互关系，社会组织在其中主要扮演影响者的角色，在这一过程当中，会产生向下信任的关系，因此，社会组织指向社区的箭头为实线，而作为被影响者的社区指向社会组织的箭头为虚线。而地方政府与社区之间的既往互动构成了社会组织嵌入乡村的前提，成为影响社会组织行动的背景性因素。

受 Yang 和 Alpermann 的启发，本书将嵌入和边缘化视为一个连续体上不

---

① BANO M. Negotiating collaboration in Pakistan：expertise，networks and community embeddedness [J]．Public Administration and Development，2011，31（4）：262 – 272.

② 罗家德，李智超. 乡村社区自组织治理的信任机制初探：以一个村民经济合作组织为例 [J]. 管理世界，2012（10）：83 – 93.

③ SINGH S. On tourism in Goa – NGOs can make a difference [J]. Tourism Recreation Research，1999，24（2）：92 – 94.

④ LYONS K，WEARING S. Volunteer tourism as alternative tourism：journeys beyond otherness [M] // LYONS K，WEARING S. Journeys of discovery in volunteer tourism：international case study perspectives. CABI，2008：3 – 11.

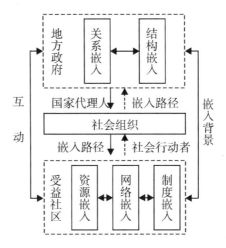

图2-5　社会组织的双重嵌入分析框架

同的两极，这意味着嵌入和脱嵌不是非黑即白的二元对立维度，而是一个程度问题。① 社会组织在这个连续体上游走，其与地方行动者构建的信任程度是影响嵌入程度的主要因素之一，即若社会组织越赢得地方政府和受益社区的信任，其嵌入乡村的程度就可能越深，反之将面临被边缘化甚至退出乡村的局面。

　　一方面，社会组织作为国家代理人与政府存在着向上嵌入的关系，具体来说，社会组织的身份合法性，是否登记注册、是否在行政网络中获得合法地位等影响着社会组织在乡村行动的合法性，那些没有获得合法身份的组织可以被认为是更容易边缘化的。社会组织的结构嵌入某种程度上也决定着其与乡村之间的关系，而社会组织的领导与政府官员之间的非正式关系也反映了其嵌入程度，最终影响地方行动者尤其是地方政府的信任态度。另一方面，作为社会行动者的社会组织同时又嵌入在项目执行的乡村社会结构中。向下嵌入的维度细分为资源、网络和制度，首先为社会组织通过资源供给嵌入社区，继而随着项目活动的不断开展渗透到地方的社会关系网络中，甚至进一步影响着乡村的正式或非正式制度，改变人们的某种认知或者乡村治理结构，达到深层嵌入的状态。地方政府和受益社区之间的过往互动和嵌入关系构成社会组织在乡村的嵌入背景，也会影响社会组织的行动。需要进一步指出的是，社会组织本身包含两个层面：一是作为组织嵌入乡村；二是派遣项目主管进驻社区，项目主管个人在与乡村互动的过程中也扮演着重要的角色。双重嵌入分析框架的提出具有重要意义，能够统合社会组织与国家关系的宏观研究以及与社区关系的微观研究，并且透过行为考察嵌入关系，能够桥接当前社会组织研究中存在的结构研究和行动研究两大阵营。

第三章　研究设计

一、研究范式：解释性研究

库恩在《科学革命的结构》一书中提出了"范式"（paradigm）概念，用来描述思想体系或者世界观，提出它是知识共同体为了研究可信度而共享的一组假设、研究策略和标准。范式是开展研究的基础，研究者要从事某一领域的研究，就必须从研究范式入手。① 关于社会科学的研究范式，有不同的类型划分，有学者认为可以从实证主义（positivism）、后实证主义（post-positivism）、批判理论（critical theory）和建构主义（constructivism）四方面来探讨理论渊源。② Fossey 等人认为存在三个主要的研究范式：实证分析（emprico-analytical）范式、解释性（interpretive）范式和批判性（critical）范式。③

实证分析范式起源于自然科学领域，认为现实是"真实的"且能够被认知，主要采用演绎的逻辑，结合经验世界中的观察和实验揭示现象的本质。解释性范式对现象的描述强调的是它独特的社会和文化语境，探究这个现象是如何在历史长河中构成了一个社区或者一群人，主要关注对人类经历和行为的理解与解释，致力于从不同的角度解决意义何为的问题。而批判性范式，"倡导清醒地认识我们的思想是如何被社会地、历史地形构的，又如何限制我们的行动，目的是挑战这些已知的限制"。换句话说，解释性范式强调人类经历和行动中固有的意义，却对个人或者集体的起源置若罔闻，而批判性范式则强调社会和历史的起源和意义的语境，认为知识是通过批判性话语和争论得到的，关

① 黄光国. 社会科学的理路 [M]. 北京：中国人民大学出版社，2006.
② 陈向明. 质的研究方法与社会科学研究 [M]. 北京：教育科学出版社，2000.
③ FOSSEY E，HARVEY C，MCDERMOTT F，et al. Understanding and evaluating qualitative research [J]. Australian and New Zealand Journal of Psychiatry，2002，36（6）：717 – 732.

注的是对当前结构、关系、条件的批判和改革。三种范式代表了看待世界的不同方式，也决定了研究现象时采用不同的方法，表3-1总结了这些范式的特点。

表3-1 三种主要范式的对比

特点	实证分析范式	解释性范式	批判性范式
哲学/理论起源	实证主义，自然科学	诠释学，现象学，符号互动主义	马克思主义，女权主义，精神分析
研究目的	发现自然法则，预测或控制事件	理解社会生活，人们如何建构意义	揭示社会关系的迷思和隐藏的真相，改变社会
社会实在（social reality）的本质	可发现的秩序	社会互动创造的情境	多层次的，潜在社会结构之上的事件和关系
常识的作用	与科学有别，没有科学可信	有用的日常理论，对于理解人们是必要的，没有科学可信	指导人们行为的错误信仰，包括隐藏在对权力、客观条件/资源不平等的控制背后的迷思
什么是真实的解释	逻辑上与因果规律相关，并基于观察到的社会生活事实	与参与研究者共鸣	是一种帮助人们了解所处的历史环境，并提高他们自身的条件/社会世界的资源
代表谁的声音	研究者	参与者	利益相关者
什么是好的证据	基于精准的观察，他人可重复	社会互动环境中意义的所在	通过揭示迷思/隐藏真理，认清社会世界的样子而浮现的证据
价值观与科学的关系	科学是价值无涉的（value-free）	价值是社会生活的一部分，没有哪个群体的价值优于其他群体	所有的科学都必须先找到价值观的位置（value position），有些位置优于其他

（续上表）

特点	实证分析范式	解释性范式	批判性范式
研究的道德	外在，指导道德行为的机制在调查过程本身之外	内在，参与者的价值观以及研究者—研究互动的个人本质都整合在研究过程中	内在，参与者之间的合作和赋权通过研究过程显现

资料来源：Fossey 等①。

因为本书要解决的问题是"社会组织如何嵌入地方的旅游发展"，试图通过互动过程中信任关系的研究，进一步发现社会组织嵌入行为背后的运作逻辑，以更加深刻地理解旅游发展中的社会组织这一主体，追求的是对人类行为的理解，所以符合解释性范式的研究路径。

二、调研过程

（一）案例选择

1．选择依据

（1）个案选择原则

本书是一个多案例比较研究，按照罗伯特·殷的观点，多案例研究遵从的是复制法则，而非抽样法则。根据个案研究结果是否相同，复制法则又可以分为逐项复制（literal replication）和差别复制（theoretical replication），前者表示多个案例之间可以产生相同的结果，后者表示研究者通过理论预知某个个案能够产生与前一研究不同的结果。② 为了回答"不同类型社会组织的地方嵌入结果有着何种差异""造成这种差异的因素是什么？"等研究问题，本书采用差别复制的逻辑进行案例筛选。与此同时，尽可能选择具有典型性的个案，也

---

① FOSSEY E，HARVEY C，MCDERMOTT F，et al. Understanding and evaluating qualitative research [J]. Australian and New Zealand Journal of Psychiatry，2002，36（6）：717 - 732.

② 罗伯特·K. 殷. 案例研究：设计与方法 [M]. 周海涛，李永贤，张蘅，译. 重庆：重庆大学出版社，2004.

会考虑资料丰富易获取等其他因素，倾向于选择可进入度较高的案例。

（2）社会组织的类型划分

由于个案研究追求的是分析性外推程度，即从个案上升到一般结论的可能性。为了提高个案研究的可外推性，需要先弄清楚个案从属的类型中具有怎样的共性特征，在此基础上理解个案与共性之间的关系，进而判断个案在哪一方面具有典型性。① 正如王名所言，在对社会组织进行分类之前需要明确两个问题：按什么标准分？怎么分？② 为了确定本书的划分标准以及共性特征，下面先梳理我国社会组织已有的分类标准。

社会组织概念的混乱导致了其类型划分尚无确定的标准。国际上比较有代表性的是 Salamon 等人提出的 ICNPO 分类体系③，他们将社会组织按照活动领域分为文化娱乐、教育研究、卫生保健、环境、发展和住宅、法律倡导和政治、慈善中介和志愿促进、国际、宗教、商业和专业协会工会、其他等 12 大类 27 个小类④。现实语境下社会组织的分类，存在众多不同的划分标准，如表 3 - 2 所示。

表 3 - 2 社会组织的分类

分类标准	类型
服务对象	公益型和互益型
组织体制	会员制和非会员制
活动领域	环保类、人权类、妇女类、社区发展类、政策咨询等
与政府关系的远近	官办、半官办、民办（注册和草根）
民政部登记类型	社会团体、民办非企业单位、基金会
功能视角	公益服务类、政策倡导类、工商经济类、政治参与类、一般社会领域
生成模式	自上而下、自下而上、合作型

① BRAUN V, CLARKE V. Using thematic analysis in psychology [J]. Qualitative Research in Psychology, 2006, 3 (2): 77 - 101.

② 王名. 中国的非政府公共部门（上）[J]. 中国行政管理, 2001 (5): 32 - 36.

③ "International Classification of Non-profit Organisations" 的缩写，即非营利组织国际分类。

④ 莱斯特·M. 萨拉蒙. 全球公民社会 [M]. 贾西津, 魏玉, 译. 北京：社会科学文献出版社, 2002.

民政部采用的官方分类是将社会组织分为社会团体、民办非企业单位和基金会三大类，其中，社会团体进一步分为学术性、行业性、专业性和联合性四类，民办非企业单位分为教育类、科技类、文化类、体育类等，基金会又分为公募和非公募两种，并在此基础上按照登记管理机关的级别区分为全国性组织和地方性组织。学术界最早的分类是戈登·怀特按照与政府关系的亲疏远近提出的四分法：人民团体、登记注册的团体组织、夹缝中生存的公民社会组织、被禁止取缔的地下公民社会组织。① 受其影响，王颖等人根据形成过程、组织领导、经费来源等将社会组织分为官办型、半官半民型和民办型三种。② 俞可平从学术研究和行政管理两个角度进行划分，认为从学术研究的角度来看，可以分为行业组织、慈善性机构、学术团体、政治团体、社区组织、社会服务组织、公民互助组织、同人组织、非营利性咨询服务组织；从行政管理的角度来看，可以分为群众团体、自治团体、行业团体、学术团体、社区团体、社会团体、公益性基金会7类。③ 还有一种比较系统的分类是清华大学NGO研究所根据组织构成和制度特征分为会员制组织和非会员制组织两大类，每个大类又细分若干小类。④

社会组织的分类是一个远远没有解决的问题，由于实践中社会组织类型的丰富性，导致很多分类体系并不能合理纳入某些组织，而试图穷尽所有类型的划分体系，如清华大学NGO研究所的分类，对于学术研究来说亦不具有可操作性。总之，正如有些学者所言，这是一个尚待进一步探讨的理论和实践问题⑤，却不是本书关注的重点。实际上，无论采用哪种分类方式都有利有弊，最终还是需要结合各自的研究目的选择最适合的分类标准。

（3）本书的个案选择与考量

本书要解决的问题是"社会组织如何嵌入地方的旅游发展"，然后根据嵌入过程和嵌入结果的不同剖析社会组织参与社区治理的机制，因此采用社会组织的嵌入方式来选择典型案例进行研究，而不是根据上述已有的分类标准对现

① WHITE G. Prospects for civil society in China: a case study of Xiaoshan City [J]. The Australian Journal of Chinese Affairs, 1993 (29): 63-87.

② 王颖, 折晓叶, 孙炳耀. 社会中间层: 改革与中国的社团组织 [M]. 北京: 中国发展出版社, 1993.

③ 俞可平. 中国公民社会: 概念、分类与制度环境 [J]. 中国社会科学, 2006 (1): 109-122.

④ 王名. 非营利组织管理概论 [M]. 北京: 中国人民大学出版社, 2002.

⑤ 王名. 中国的非政府公共部门 (上) [J]. 中国行政管理, 2001 (5): 32-36.

实语境下的社会组织做全景式的描述。已有研究表明，社会组织存在三种不同的嵌入路径：自上而下型，利用地方政府的行政资源展开在地方的工作；自下而上型，这类社会组织进行的社会服务项目很少来自于政府购买，主要利用各种民间资源开展组织活动；自上而下与自下而上的合作型，这类社会组织在嵌入地方过程中综合运用了政府资源和民间资源。[①]

2．案例筛选

笔者在确定选题之后，便着手进行案例收集工作。然而，实际找寻的过程充满了艰辛。一方面是因为信息受限，能够获取社会组织介入乡村旅游发展的渠道比较少；另一方面由于大多数社会组织多在以项目执行的方式在旅游发展前期介入，一旦项目执行结束以后，这些社会组织就会撤出社区，停留时间短，嵌入地方程度不深入也给案例选择带来了一定的困扰。笔者通过熟人介绍和网络资料整理，对涉及乡村旅游发展的相关社会组织进行了初步汇总。然后综合考虑社会组织的嵌入方式、可进入性、项目在地方的影响力、旅游在项目中的比重等因素，最终选定中国扶贫基金会、野生动植物保护国际（FFI）、信阳乡村建设协作者中心三个社会组织作为案例。

其中，嵌入方村[②]的中国扶贫基金会是1989年农业部推动成立的，受国务院扶贫办管辖的，长期致力于我国公益扶贫事业的社会组织，嵌入方村的方式也是通过扶贫办系统层层向下沟通，是一个典型的自上而下式的发展援助型项目；野生动植物保护国际通过广西壮族自治区林业厅的授权许可进入元宝山自然保护区，并在广西植物研究所的支持下，建立元宝山保护区与社区之间的共管委员会，开展元宝山冷杉保护和生态旅游的发展，采用的是自上而下和自下而上结合的嵌入路径；信阳乡村建设协作者中心虽然是由信阳市平桥区科技局某官员推动成立的，但是，成立之后机构的项目和资金来源以及人员的招募均由中心法人自行负责，主要依赖社会资源和社区资源实现嵌入郝堂村的目的，在本书中被视为一种自下而上的典型代表。因此，本书案例地确定为贵州省江泰县的方村、广西壮族自治区融水县的培秀村和河南省信阳市的郝堂村。

---

① 许莉娅. 专业社会工作在学校现有学生工作体制内的嵌入 [J]. 学海，2012（1）：94–102.
② 由于涉及敏感信息，方村案例所有地名均为化名。

（二）田野调查过程

一般认为，田野调查的逻辑是研究者"悬置"理论假设，带着问题进入现场后，利用访谈、观察等方法收集资料，通过对资料的分析归纳使理论浮现。但是也有学者持不同观点，认为研究问题的确需要阅读大量的文献，理论"悬置"实际上并不可能发生，因为研究者总是会潜移默化地受到已读文献的影响。① 笔者在进入田野之前，通过文献阅读只知道要做"社会组织与乡村互动"的相关研究，但是具体如何切入"互动"，如何看待社会组织在乡村的旅游实践并不是很清楚，信任的视角是在田野调查中浮现的。

首先是 2016 年 8 月 20—31 日对方村进行预调研。进入案例地之后，笔者首先了解村落概况和旅游发展状况，之后围绕着基金会的嵌入过程，及其与社区的互动着重考察，发现基金会在方村的旅游帮扶项目遭遇了一些困难，个别村民的不信任和基金会项目制的运作逻辑是其中两个主要影响因素。于是，社会组织与乡村的"信任"问题便进入了研究视野。

随后笔者于 2017 年 7 月 18 日—8 月 5 日对方村展开正式调研。由于基金会在村里的硬件建设工程全部结束，项目执行周期也远远超过预想的三年时间，因此，此次调研之前基金会驻村项目主管已经从村里撤走。不过由于前期与主管同吃同住，建立了良好的朋友关系，后续主要通过微信和电话补充信息。正式调研期间除了继续了解基金会与社区之间的信任关系外，主要还关注了社区本身，具体来说就是社会组织介入对社区的影响。随着调研的不断深入，笔者发现基金会嵌入之后村庄内部关系网络产生分化。此次调研还走访了召坊镇政府和江泰县扶贫办、旅游局等单位。

2017 年 9 月 17 日—10 月 12 日，笔者前往培秀村调研。在进入现场之前，笔者通过私人关系与项目顾问张老师以及项目主管取得联系，了解 FFI 的嵌入背景和大概的活动内容。与方村不同的是，FFI 项目主管并不常驻村里，而是每隔一两个月来一次。由于主管告诉笔者她们计划于 9 月中下旬前往培秀，为了当面访谈能达到最佳效果，笔者遂将调研时间做此安排。结合方村的调研情况，笔者试图在网络影响这一方面采用社会网络分析方法，以更加形象直观的方式呈现社会组织对社区网络的影响。然而，问卷发放中笔者发现，由于村内年轻人多外出务工，老人和儿童并不能很好地理解问卷内容，问卷的有效性存

---

① 刘海涛. 人类学田野调查中的矛盾与困境 [J]. 贵州民族研究，2008（4）：23－27.

疑，便无奈作罢。另一方面，由于 FFI 不驻村，与社区之间的交往互动不深，因此社会组织对社区网络和规范的影响甚微，调研收获不大，但信任的研究话题仍然适用于该组织。

2018 年 5 月 21 日—6 月 4 日，笔者开始郝堂村的调研。在调查中笔者发现，协作者中心通过成立返乡青年志愿服务队等乡村自组织，在社区中建立了信任关系，对社区网络产生了影响，但是对社区规范的影响仍然只存在返乡青年群体等部分人中，并且不信任问题仍然存在。调研结束之后，笔者在跟导师沟通的过程中得知，从联结型（bonding）和桥接型（bridging）社会资本两个维度来考察社会组织对社区影响的思路太过于结构化，容易失掉案例本身内含的丰富张力，因而最好直接从信任的角度看待社会组织嵌入乡村旅游的实践过程。

田野调查的过程是不断发现，不断反思、调整方向的过程，是研究聚焦、理论浮现的过程。笔者此次田野调查用时 73 天，访谈 88 人，其中社区居民 60 人、社会组织成员 7 人、政府工作人员 13 人，以及游客、旅游公司相关人员 8 人等（见表 3-4）。需要指出的是，尽管只访谈了 7 名社会组织成员，但这 7 人均为各案例地的项目主管及相关人员，亲历项目的发展过程，是与地方行动者交往最密切的人，通过访谈他们能接触到与社会组织地方信任有关的丰富信息，实现信息饱和。[①]

表 3-4　田野调查情况汇总

调研时间	调研天数	调研地点	受访人数
2016 年 8 月 20 日—8 月 31 日	11	方村	11
2017 年 7 月 18 日—8 月 5 日	18	方村	33
2017 年 9 月 17 日—10 月 12 日	25	培秀村	29
2017 年 10 月 20 日—10 月 22 日	2	郝堂村	2
2018 年 5 月 21 日—6 月 4 日	14	郝堂村	21
总计	**70**	—	**88[②]**

注：受访人员详细信息见附录一。

---

① BAXTER J, EYLES J. Evaluating qualitative research in social geography：establishing "rigour" in interview analysis [J]. Transactions of the Institute of British geographers, 1997, 22 (4)：505-525.

② 注：有些受访者在预调研和正式调研中多次访谈，因此受访者总数与每次调研人数之和并不相等。

三、研究方法

（一）方法的适用性

旅游学的研究方法涉及质性研究、定量研究、实验法、混合研究等，具体采用哪一种研究方法是由研究问题决定的。本书采用的是质性研究方法。一方面，质性研究的主要目的是深入被研究者的生活世界，对其生活故事和意义建构做"解释性理解"或"领会"①，这与本书的解释性研究范式的内在要求是一致的；另一方面，因为信任在本书中被视为一种不断建构的过程，根据Lyon等人编写的《信任研究方法指南》（Handbook of Research Methods of Trust）中的观点，质性研究方法尤其适合信任的过程研究②，传统上问卷调查或者实验法主要用来衡量信任的感知水平，对于描述信任的动态性和流变性并不是特别有用③。相反，质性研究方法不仅能够获得与研究主题相关的更加细致深入的信息，甚至还能在研究者关注之外发现新的主题和理论，对于理解社会组织嵌入地方旅游发展中，与地方行动者之间信任关系的变化和发展问题是有益的。

（二）访谈对象找寻

进入研究现场之后，面临的第一个问题就是访谈对象的招募：找谁去访谈？如何抽样？与定量研究追求统计外推不同的是，质性研究注重分析性外推，在抽样方法上强调信息的丰富程度和适宜性。④ 因此，本书主要运用目的抽样（purposeful sampling）和滚雪球抽样（snowball sampling）的方法，辅以简单的随机抽样，在每个案例地由于进入方式不同，抽样方法的侧重点有所不同。方村和培秀村的进入途径相似，抽样的方法也大同小异，在田野初期以滚

① 陈向明. 质的研究方法与社会科学研究 ［M］. 北京：教育科学出版社，2000.

② LYON F, MÖLLERING G, SAUNDERS M N K. Handbook of research methods on trust（second edition）［M］. Cheltenham：Edward Elgar Publishing Limited，2015.

③ KHODYAKOV D. Trust as a process：a three-dimensional approach ［J］. Sociology，2007，41（1）：115–132.

④ FOSSEY E, HARVEY C, MCDERMOTT F, et al. Understanding and evaluating qualitative research ［J］. Australian and New Zealand Journal of Psychiatry，2002，36（6）：717–732.

雪球抽样为主。笔者对于这两个村来说是完全的"局外人",进入的途径先是通过私人关系结识社会组织的项目主管,向主管说明调研意图之后请其帮忙推荐合适的受访者,再展开调研。获取一些信息之后,再根据访谈浮现的信息主题有目的地选择一部分村民进行访谈。而郝堂村则是以目的抽样为主。因为郝堂村位于笔者家乡,笔者对其发展长期关注,粗略掌握其发展历程,结合前期收集的网络资料,为快速进入田野接触到信息最丰富的受访对象,研究者进入社区之后主要采用目的抽样方法。具体来说,先访谈村委会人员确认、甄别、补充先前获取的材料,然后根据这些材料有目的地选择一部分村民进行访谈。当相同的信息反复出现,便认为达到信息饱和,停止寻找访谈对象。为了避免滚雪球抽样和目的抽样导致的关注点过于集中,遗漏其他重要信息等研究偏见产生,调研者也在风雨桥、踩鼓场、廊亭、集市等公共场所随机访谈普通村民。

(三) 资料收集方法

(1) 访谈法

深度访谈是质性研究资料收集的主要方法之一,以一对一的形式深入讨论特定的话题,是一种有特定目的和一定规则的研究性交谈,通过访谈可以帮助研究者详细了解访谈对象耳闻目睹的相关事件及其感知态度和意义解释等。[①]根据研究者对访谈结构控制的程度,可以分为结构化、无结构化和半结构化三种类型。本书采用的是半结构化访谈,即事先预设部分问题,再根据受访者的回答展开追问(访谈提纲见附录二)。方村和培秀村的访谈语言以普通话为主,只会苗语的受访者则请关键报道人在访谈过程中翻译;郝堂村的访谈语言为普通话和豫南方言。访谈正式开始之前,研究者会向受访者表明来意,并保证访谈内容绝对保密,目的是使其消除疑虑,进而提高资料的可信度。访谈一共涉及村民、政府工作人员、外来企业员工、社会组织人员四类群体,对所有受访者均采用编码处理:前两位字母是案例地拼音首字母,如 HT 代表郝堂;中间的字母表示身份,R 表示社区居民(resident)、G 表示政府工作人员(government)、C 表示公司职员(company)、N 表示社会组织人员(NGO),其后的数字代表序号,如 R11 表示访谈到的第 11 位村民;最后的字母是该受访者的称呼,比如 FP-N01-CMM 指的是"在方村访谈的第一位社会组织人员,

① 陈向明. 质的研究方法与社会科学研究 [M]. 北京:教育科学出版社,2000.

称为 CMM"。通过访谈主要了解社区旅游发展历程、社会组织的介入过程及其行动、重要事件及发展过程、村民和地方政府对社会组织的感知与评价、社会组织在项目实施中的感受等。绝大多数访谈在征得受访者同意之后录音，最长录音为 173 分钟，最短 12 分钟。为确保收集到的资料是可信的，采用了来源三角验证（source triangulation）的方法，即相同的问题会被问及不同的受访者，经由多个不同访谈对象证实的信息才能视为有效。

（2）观察法

观察是研究者运用自己的感觉器官或借助科学仪器能动地捕捉、记录人们的行为和互动，从而获得有关的事实材料。① 观察法进一步细分为参与观察和非参与观察。参与观察要求研究者作为人们日常生活中的一员直接参与其中，重点在于了解局内人对于日常生活世界的理解，将确定日常生活的意义放在首位，而不是从现存的理论和假设入手。② 在实际操作中，首先以田野笔记、录像影像的形式记录村落概况（自然风貌、建筑样式等），与村民、社会组织工作人员同吃同住同劳动，融入他们的日常生活，观察他们的交往互动过程，了解案例地的基本情况。

（3）文献资料法

除收集一手资料以外，笔者还通过走访当地的旅游局、扶贫办、林业局等单位收集旅游规划、地方志、大事记等二手资料，以及社会组织的项目简报、项目实施方案、社区自组织的管理章程、房屋租赁合同等重要文件，也查阅与案例地有关的前人研究成果，如孙君主编的郝堂建设记实录《回家》等，为论文写作提供基础条件。

四、资料分析方法

质性研究认为研究者本人即为一种研究工具，在长期深入田野体验生活中，研究者本人的素质对于研究发现是至关重要的。③ 当案例地的他者文化冲击研究者时，在不断的调查和自我反思中，研究者会形成一种田野直觉，这种

---

① 陈向明. 质的研究方法与社会科学研究［M］. 北京：教育科学出版社，2000.
② 丹尼·L. 乔金森. 参与观察法［M］. 张小山，龙筱红，译. 重庆：重庆大学出版社，2015.
③ 陈向明. 质的研究方法与社会科学研究［M］. 北京：教育科学出版社，2000.

直觉是相对性的文化觉解，是田野深掘的收获。① 正是在田野中，通过每日访谈、田野笔记记录、反思等方式，对收集到的材料产生一种直观体悟，这个过程可以被认为是朴素的资料加工过程。

当然，田野直觉并不能替代规范的资料分析，本书主要采用主题分析法（thematic analysis）。定性分析方法大致可以分为两个阵营，有一些方法与特定的理论或认识论立场相关，如会话分析（conversation analysis）、解释性现象学分析（interpretative phenomenological analysis）等，这些方法只能在特定的理论背景中应用。然而，还有一些方法本质上是独立在理论和本体论之外的，可以跨理论和本体论使用，能够适用于更广的理论框架，如主题分析、内容分析（content analysis）、扎根理论（grounded theory）、叙事分析（narrative analysis）等。② 鉴于理论不受限，主题分析是一种更加灵活、有用的分析工具，可以用于分析丰富翔实、复杂的资料。本书主要按照 Braun 和 Clarke 提出的五个步骤对资料加以处理。③

第一，熟悉自己的材料。所有材料均由笔者亲自参与收集，所以事先已经了解材料，田野直觉提供了一些初步分析想法。访谈录音借助语音转写软件逐字转录，并由访谈者人工校对确保精准度之后，笔者再反复阅读转录文本，沉浸于调研材料，进一步熟悉材料。

第二，开始初始编码。编码既可以人为操作，也可以借助软件。本书采用手动编码的方式。具体来说，反复阅读过程中，笔者先对转录文本中关键的词句加以标黄，处理完所有文本之后，再次阅读材料对其进行初始编码。以表3－5为例，对这一过程进行详细说明。

① 庄孔韶，孙庆忠. 穿梭于学术研究与应用实践之间：庄孔韶教授访谈录 ［J］. 中国农业大学学报（社会科学版），2011（1）：13－27.

② BRAUN V，CLARKE V. Using thematic analysis in psychology ［J］. Qualitative Research in Psychology，2006，3（2）：77－101.

③ BRAUN V，CLARKE V. Using thematic analysis in psychology ［J］. Qualitative Research in Psychology，2006，3（2）：77－101.

表 3-5 初始编码过程示例

数据摘录	初始编码
"我们到这儿想把这儿打造成一个旅游村，想把合作社给做起来，想要未来有更多的游客能够到这儿体验一些传统的文化。当你真正做的时候才发现，当有外界的资金进来的时候，村庄里面不可避免地就会有一些利益的纷争。因为村里各宗族之间有一些矛盾，如果有一家比较先进的话，会被我们基金会看好，就会先拉过来领头做这个合作社，第一批跟我们做起来的人可能会引起村里人的一些非议，说我们基金会拿过来的钱都给了他们家，让他们家来做，对我们有一些误解、不理解。我们也会通过开合作社大会、小组会议去说这些事情，但总体效果不是特别好。"（FP-N01-CMM）	①基金会的初衷；②资金进来引起社区利益纷争；③村庄宗族矛盾；④对基金会产生误解
"我觉得其实我在郝堂的价值应该就是孵化更多的资本，就是社区陪伴。因为毕竟不是村庄的人，或者说一个人要干不了那么多，是依靠外部的力量，比如外部的志愿者来，他们毕竟阶段性的，但是真正要在村庄发挥主体性的肯定是要有自主意识的村民。另一方面，村两委他是一级政府，几个村干部也不可能把村里所有的事情都能干完，还是要依靠村民自身的主体性。真正要回到社区本身来讲，肯定还是要村民参与，调动村民的主体性和积极性，这些村庄不管怎么样都是跟他们有关的！"（HT-N01-JJJ）	①孵化资本；②外部力量不长久；③社区陪伴；④村民的自主意识；⑤村委会力量有限；⑥村民参与

第三，寻找主题。接着对该清单中的编码加以归类，并对资料进行分析解释而不仅仅局限于归纳描述，确定若干子主题，然后遵循内部同质性和外部异质性的原则进一步提炼主题。以方村为例，表 3-6 呈现了主题编码过程和结果。

表 3-6 主题编码过程示例

二级编码	候选主题
文化中心，文化周，教村民跳木鼓舞，整理苗歌，旧民居改造，培训，冷杉培育，技术支持，小鹰志愿者，村民晚会	社会组织的资源嵌入【嵌入行为】
合作社，社区共管委员会，青年志愿服务队	社会组织的网络嵌入【嵌入行为】
资源嵌入，孵化资本，社区陪伴，社区主体性提升	社会组织的作用

（续上表）

二级编码	候选主题
"上一下"的关系，县乡领导陪同考察，地方政府协助解决执行困难，正式发函，非正式关系	社会组织与政府关系【依赖与支持】
帮派，内部纷争，宗族矛盾	社区社会资本【分化】
分红，赔偿，资助额度，游客量，旅游收入	感知收益与成本
不了解社会组织，过往经历	初始信任程度
项目优先，直接互动少，不了解村子	项目运作

第四，检查主题。三个案例地的调研材料采用相同的方法编码、归纳主题之后进行综合比较，对候选主题进行细化。这个阶段包含两个步骤，首先是回到每个案例地本身的转录文本，审查初始编码、二级编码和主题提炼的结果是否遵循内在一致性的准则；然后对照候选主题查看其是否精确涵盖了调研资料的内容。

第五，定义和命名主题。结合文献对主题加以命名，最终得到了社会组织嵌入的三大主题——"信任""权力""嵌入行为"，以此绘制出主题地图（见图3-1）。

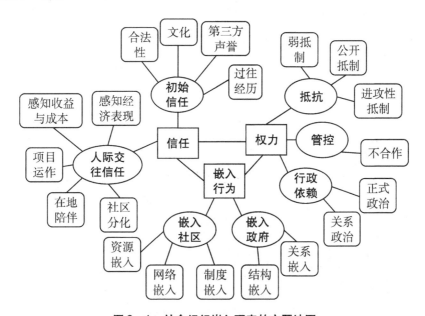

图3-1　社会组织嵌入研究的主题地图

第四章　基金会嵌入中的支持与反对

自主性是社会组织研究领域在分析其行为时常用的概念之一，借由"自主性"考察权力约束下社会组织的活动空间和运作能力。在现实语境中，自上而下具有政府背景的社会组织能有效协调政府和组织之间的信任关系，平衡自主性和实效性之间的冲突。① 但另一方面，官方身份带来的社会组织在自主与依赖之间的摇摆，容易导致组织效能的内卷化，客观上降低组织行为的实效性。②

本章将通过贵州省方村的案例，考察中国扶贫基金会（简称"基金会"，2022 年改名为中国乡村发展基金会）在嵌入乡村旅游发展过程中的行为。首先，从中国扶贫基金会的官方身份背景入手，梳理其介入村落时与地方政府的交互过程，通过社会组织在嵌入乡村旅游过程中的表现，考察其自主性和依附性程度；然后从资源嵌入和网络嵌入两方面透视社会组织与社区之间的信任互动过程及权力运作过程，了解社会组织的嵌入对社区的影响及组织的实效性。

一、社会组织的嵌入背景

（一）村情概要

1. 村落概况

方村位于贵州省黔东南苗族侗族自治州，拥有方村木鼓舞和苗族多声部民

---

① 孙晓冬. 强政府场域下公益组织的行动自主性与实效性研究：以天津市 T 社区为例 [J]. 中南大学学报（社会科学版），2015（5）：118-126.

② 翁士洪. 官办非营利组织的内卷化研究：以中国青少年发展基金会为例 [J]. 甘肃行政学院学报，2015（4）：84-96.

歌两项国家级非物质文化遗产，是住建部公布的第一批传统村落名录中的高山苗族村落。按苗族姓氏谱系父子连名来计算，方村迄今已有45辈人，1000多年的历史。目前，全村下辖大小两个自然寨，10个村民小组，共413户，总人口2009人，分属杨、万、唐、张四大姓氏。全村土地面积12.48平方千米，山林面积14048亩；水田面积899亩，旱地面积38亩[①]，人均可耕地面积仅为0.47亩。

方村苗语音译"方白"，意为"住在高山上的村寨"，平均海拔1080米，村落地势较高。方村位置偏僻，过去交通十分不便，且距离集市较远，往返困难，所以中华人民共和国成立前除购买食盐、生产工具外，村民极少外出，长期被封锁在深山峡谷中，过着自给却不足的自然经济生活。[②] 近年来，方村旅游业仍然处于起步阶段，2016年全村农民人均纯收入4272元，村民的收入来源主要以外出务工为主，主要前往贵阳、广州、东莞等地从事建筑和工厂手工业等，辅以发展传统种植业和养殖业。整体上经济发展仍然比较落后，在精准扶贫背景下对贫困户的认定过程中，村内贫困户占30%左右，达到122户。

2. 民族文化

（1）方村木鼓舞

方村木鼓舞于2006年入选我国第一批国家级非物质文化遗产保护名录，苗语称之为"方白牛浆"或"著牛方白"，"方白"是方村苗寨的意思，"牛"是木鼓，"浆"是鼓社，意为一个盟，"牛浆"即为鼓社祭鼓时所用的木鼓；"著"是跳，"著牛方白"，即跳方村木鼓舞。这是一种世代相传的苗族祭祀性舞蹈，源于祭鼓节（祭祖、鼓藏节），主要反映了苗族先民历经千辛万苦，踏遍万水千山，披荆斩棘，战胜大自然的迁徙过程。中华人民共和国成立以前木鼓舞只能在每13年一次的祭祀祭祖节上舞蹈，节日结束后，祖鼓必须封于神山起鼓山的山洞内，直到下一个祭祖节来临方可敲响，否则被视为惊动祖先安宁的大不敬之过，因此，木鼓舞的传承只能在每13年一次的节日活动上通过模仿他人动作的方式得以实现。

方村木鼓舞由五个章节组成，又称鼓点名称，包括："牛高抖""牛扎厦"

---

① 数据来源：方村村委会，2017-08-05。
② 贵州省编辑组. 苗族社会历史调查（一）[M]. 贵州：贵州民族出版社，1986.

"厦地福""高抖大""扎厦檞"。① 通过每个章节的鼓点、动作、韵律，可以看到苗族社会的起始，苗族祖先迁徙过程中艰难跋涉、守山打猎、开辟田土、创建家园的踪迹，被认为是连接过去、现在和未来的纽带。

方村木鼓舞于 20 世纪 50 年代经发掘后，被搬上了舞台，多次在国内外演出，曾于 1990 年参加北京亚运会开幕式表演，表演者在中南海受到党和国家领导人的亲切接见，随后又前往日本、英国、美国、加拿大等十多个国家和地区演出。随着旅游的渐渐发展，木鼓舞不仅成为方村村民日常节日性的娱乐方式之一，也成为吸引游客的一种文化展演（见图 4-1）。

图 4-1 2017 年为游客表演

（2）苗族多声部情歌

苗族多声部情歌是一种以和声为主要形式的复调音乐，也是方村当地的男女青年在"游方"或"坡会"等场合对唱的传统情歌。演唱时，节拍相对自由，根据歌手气息运转，旋律不变，唱词内容不断变化，唱腔风格十分巧妙，曲调委婉动听，大量使用长音和上/下滑音以及颤音，表达细腻的感情。方村的代表性曲目有《假如你是一朵花》《来玩趁年轻》等。

苗族多声部情歌是集体传唱的原生态民歌，是苗族男女青年交流感情的载

---

① 王亚琼，朱曦. 贵州苗族反排木鼓舞文化探究［J］. 贵阳学院学报（社会科学版），2014（4）：39-41.

体，表达了方村当地男女青年对自由恋爱和婚姻的向往与追求，同时体现了苗族向往自由、追求无拘无束的精神生活的民族性格。苗族多声部情歌是苗族祖先遗留的文化瑰宝，靠一代代口头传承，一直保存着完好的文化生态原貌，具有很高的历史价值、社会价值、艺术价值和审美价值，于 2008 年列入第二批国家级非物质文化遗产代表作名录。

（二）旅游发展历程

1. 早期外国学者考察阶段（1987—1998 年）

方村的旅游起步很早，最早一批游客是国外的学者。早在 20 世纪 80 年代末，江泰县刚刚对外开放之际，就有一些外国的人类学家和文化学者来到方村（见图 4-2），了解苗族文化尤其是方村木鼓舞。由于缺乏具体的统计数据和记录，我们无法得知 20 世纪 80 年代以来曾有多少游客到访过方村。"在 20 世纪 90 年代，村中经常进行木鼓舞表演，都是应旅游团队的需要而演出"①。据村里的工作人员介绍，1989 年至 1998 年间，曾有很多外国人来考察木鼓舞，涉及美国、日本、法国等国家。42 岁的村民 FP-R16-ZC 回忆称，他上小学时经常有外国人来方村。他对摄影萌生兴趣与童年时外国人来村里拍摄有很大关系，其中，接触较多，对他影响比较大的是日本学者田中一夫。1989 年田中一夫首次到来，此后又多次重访，2011 年出版写真集《歌とともに生きる：中国・贵州省苗族の村》（《与歌一起生活：中国贵州省苗族的村庄》），并在回访时将此书赠予当年被他用镜头拍摄下的女性村民。笔者在一位村民家中见到了这一本写真集，书中记载到：

> 1989 年，中国改革开放已有十年，但有些山区的村庄还没有开放。在外国人受戒备的时代，想前往未开放地区，获得许可证是一件很困难的事情。……在不同的季节去同一个村子，与当地人同吃同住，把以前采访中拍摄的家人照片交给她们，我重复着这一切，慢慢走近苗族生活。我对苗族的采访已有 22 年了，去过方村、新光村、岜沙村、新寨村、施洞乡、冰洞村、西江乡等贵州黔东南州的许多村。最开始因为苗歌这个主题而被吸引，不怎么能看到村民的日常生活。但是，静静地置身于他们的生活之

---

① 周相卿. 台江县五个苗族自然寨习惯法调查与研究 [M]. 贵阳：贵州人民出版社, 2009.

后，看到了曾经看不到的家族、人、欲望。

　　"只有一种无忧无虑的日常生活，才能感受到文化的气息。"

　　正如田中一夫描述的那样，这一阶段村内还没有专门的旅游接待设施，外人需要同当地居民一起吃住。游客也并非真正意义上的旅游者，而是以学术考察或者摄影采风为目的的外国人居多。早期与外国学者的接触尽管并没有给方村村民带来多大程度上的经济改善，却使得方村村民很早接触到了旅游业，"我们村30年前就搞旅游了"，是笔者在调研中几乎每位村民都提及的一句话，这话当中既蕴含着一丝自豪之情，也有"恨铁不成钢"之意。

图4-2　1989年的方村

（图片来源：田中一夫①）

2. 地方政府打造阶段（1999—2012年）

　　国内外学者源源不断的到来在一定程度上激发了江泰县政府对旅游发展的

　　①　田中一夫. 写真集 歌とともに生きる：中国・貴州省苗族の村 [M]. 東京：岩波書店，2011.

重视，1998年县政府举办苗族姊妹节活动，以节庆旅游提高县城的知名度。1999年国家提出"西部大开发"战略之后，该县被列为贵州省旅游东线的民族风情重点县，促进旅游开发的发展理念得到进一步加强。为了抓住这一发展机遇，县政府提出"旅游活县"的发展战略，组织全县各乡镇对域内旅游资源进行普查，整理挖掘地方特色文化，出版了《江泰苗族风情》一书。2000年组织编制旅游业发展总体规划，重点发展县城、施洞、南宫等苗族历史文化生态旅游经济区，融入"雷公山原生态苗族文化旅游经济圈"。

　　方村因木鼓舞文化悠远深厚、知名度广而赢得县政府的重视。2001年，县政府将方村列为"民族风情旅游村寨"，并进行多次投资建设。由于地方政府的前期旅游开发行为构成了基金会嵌入乡村的环境背景，对基金会与社区之间的信任关系有着非常重要的影响，因此这里将展开详细论述。

　　如图4-3所示，由于缺少必要的旅游接待设施，2001年县政府出资修建了一栋活动室，一楼用作村委会办公，二楼设置10张床位用于游客住宿接待。2003年，召坊镇新上任一位人大代表，由其负责方村的对接工作。为促进方村旅游的发展，这位人大代表提出了村容寨貌整治工程，将当时暴露在外的旱厕，以及位于现文化中心所在地的六家小卖部和一家农户拆掉。村支书回忆道："2003年的时候我也是支书，那个时候上级要村容寨貌整治，看到他们（村民）把小卖部建得不规范、乱七八糟的，非常影响村容寨貌。于是镇里就拿出一笔资金，但仅仅够拆，后来就没有资金用来建设了。……那时候补助的资金也是很少的（农户拆迁补贴），只有5000多块钱吧，拆掉小卖部具体多少钱我也不记得了，可能一两千吧。"（FP-R01-YZS）通过FP-R01-YZS的叙述可以发现，当时的建设过程中，村民实际上并没有获得多少收益。

村容寨貌整治		"四改"工程		一事一议		百美村宿	行动
2001	2003	2007	2008	2009	2011	2012	2014—2016	年份
活动室		踩鼓场		农家乐		农家乐		行动

图4-3　江泰县政府的旅游开发行动（2001—2016年）①

　　2007年，县政府拨款将原来泥土地面的踩鼓场扩宽加长并铺上地砖，同时新建风雨桥两座。2008年，黔东南州在全州范围内实行"四改三保二强一

---

① 根据访谈和《江泰年鉴2011—2012》相关资料整理而来。

高"措施，于是方村接着又开始"四改"工程（即改水、改电、改厨、改路），一定程度上提高了社区居民的生活质量，但也有村民抱怨工程质量不佳。老支书还讲述了曾有一个项目是为村寨修筑防水大坝，村委会考虑到要发展民族旅游，建议施工方修筑坝堤时添加一些苗族风情，但施工方以项目图纸中没有设计为由拒绝了村委会的请求。

可以清楚地看到，分税制改革后，国家实行的"项目治国"策略对社区的深刻影响。上级项目不断涌入基层，在加强扶持的同时，一定程度上加强了国家权力对基层的控制。然而，"项目治理"是一种由上而下的精英式治理方略，村委会对执行什么项目、如何执行并没有话语权，甚至对外来的施工单位并不了解。与此同时，施工单位也缺少必要的监督主体和监管机制，导致项目的实施效果大打折扣。项目设计是由上而下的地方政府部门决定的，而项目落地实施中却牵扯多元主体，当执行项目触及村民利益或者村民诉求在项目实施中未能得到满足时，就会对项目产生抵制情绪，村民与施工方之间的冲突屡见不鲜，村干部此时需要扮演调解员的角色。

2009 年和 2012 年，县扶贫办实施乡村旅游扶贫项目，总拨款 50 万元资助方村农家乐的发展，分别挑选 4 家和 18 家村民给予冰箱、消毒柜、热水器等，帮助修建带有淋浴设备的卫生间，以提高社区的旅游接待能力。但实际上调研期间真正对外营业、具备接待资格的仅有 9 家。剩余 13 家由于部分家庭成员众多，没有多余的床位供游客接待，或者因游客量少短期经营一段时间后被迫关闭而外出务工。"我们自己投了 3 万元，我家原来有 10 个床位，都是单人床。已经装了有三年多了，没有客人就停了，开了几个月就不开了。"（FP-R03-ZG）由此可见，农家乐扶持项目给村民带来的直观变化是改善了人居环境，但仅从改善旅游接待设施而不对旅游产品上进行系统的规划开发，建好后农家乐依然面临客源不足的问题，村民获得旅游收入极其有限。2010 年 8 月，方村民族文化旅游村揭牌并开始迎客，当地政府为该村的旅游开发邀请了一支由贵州大学相关专业师生为主的规划团队，在方村指导其相关设施的建设和民族文化资源的项目设计。2011 年，县政府实施方村"一事一议"财政奖补项目，完成串户路硬化 7100 米，投资 18.9 万元；安装太阳能路灯 70 盏，投资 16 万元；建成垃圾池 7 个，投资 3.5 万元；修建篮球场一个。2013 年铺设消防管道、修建消防池等。

通过简单的梳理可知，基本上近 15 年来每年都有各种各样的建设项目进入方村。在确定地方项目时，"抓两头"往往是项目选择时的主要考虑因素，即"示范村（富裕村）"和"整治村（贫困村）"更容易赢得上级项目的青睐。① 与其他村庄相比，方村在经济上是贫困村，在文化上是"富裕村"，地方政府投入方村的项目资源并不少。尽管地方政府采取很多措施打造旅游，但效果并不理想，方村的旅游发展一直处于不温不火的状态。这一阶段，村内年轻人仍以外出务工为主，"方村木鼓舞队员每年有100余人活跃在全国，参加少数民族风情展示、旅游景点、商业庆祝、歌舞比赛等活动"②。据调查，2012年全村人均年收入仅为2400元左右，低于3000元的国家贫困线标准。③

村民的旅游收益与成本严重失衡的情况，负面影响了地方政府的感知信任度。调研中，基本上每个受访的村民都对当地发展旅游的前景并不乐观，这成为不利于基金会嵌入的项目建设背景。

3. 社会组织介入阶段（2013—2016 年）

中国扶贫基金会正是在上述背景下开始嵌入地方的。2014 年，中国扶贫基金会正式进驻方村，开始"百美村宿"项目的帮扶建设。项目缘于 2013年，中国民生银行开展"社会责任万里行"系列公益活动，试图通过造血型公益项目的发起，带动贵州、云南、新疆、西藏等西部欠发达地区的发展。于是，与中国扶贫基金会合作开启了贵州的"美丽乡村——古村落保护行动"项目（即"百美村宿"项目）。基金会根据民生银行的要求，在黔东南一带寻找合适的村落，经过初步筛选将扶贫地点定为方村所在县。在县扶贫办的推荐下，确定 7 个村镇作为备选方案。同年 4 月，中国扶贫基金会和中国民生银行对上述 7 个村镇进行实地考察，基于社区人均收入水平、自然风貌、建筑、民族文化特色、村干部综合能力、民风等系列标准的考量，最终选择方村作为公益扶助对象，捐赠 700 万元用于村落建设。

2014 年初，基金会派项目主管进驻村落，标志着方村"百美村宿"项目的正式开始，在此期间委托贵州省建筑设计研究院本土营造工作室编制《方村古村落保护与发展综合规划》。规划以整体、多层次地保护村落文化景观与传承村寨活态文化为核心，以民生为导向，打造旅游可持续发展的苗族传统村

---

① 折晓叶，陈婴婴. 项目制的分级运作机制和治理逻辑：对"项目进村"案例的社会学分析 [J]. 中国社会科学，2011（4）：126－148.

② 陈正府. 反排"说"舞：一个苗族鼓舞的解读和叙述 [D]. 北京：中央民族大学，2007.

③ 数据来源：方村村委会。

落。最终经过三年多的建设，基金会完成了文化中心公共服务设施、休憩亭、起鼓山游步道、田耕道等的建设，以及 28 户危房整葺和 2 户旧民居改造项目。2017 年文化中心落成之后（见图 4-4），方村的接待设施包括一个容纳 50 人用餐的餐厅和 12 张双人床、12 张单人床。

图 4-4　方村文化中心

在此有必要对"百美村宿"项目加以展开介绍。2013 年，中国扶贫基金会在总结我国乡村建设经验的基础上，创立了新的社区与生计发展援助类项目——"美丽乡村"项目，后更名为"百美村宿"。该项目实施周期为三年，致力于搭建乡村和外部联结平台，试图通过对项目试点村进行整体规划，打造高端民宿业态，以组建村民合作社的方式，促进村庄旅游业的兴起，带动村民就业，最终实现村庄资源整合，以及社区的自我良性发展和在地化发展。

随后，基金会相继完成了贵州黔东南方村、四川雅安邓池沟、河北保定南峪村等一批乡村民宿的建设。根据基金会官方网站公布的数据显示，截至 2017 年底，项目累计接受捐赠资金 12700 万元，累计投入资金 4450 万元。项目涉及 12 个国家级贫困县的 13 个贫困村，共计 3909 户 15307 人受益。2017 年，已运营村庄经营性收益总额为 396 万元，村民转化收益总额 229 万元，带动村民就业 155 人，其中贫困户 91 人，人均工资性收入 21225 元，实现村民人均分红 197.7 元。①

---

　　① 数据来源：中国扶贫基金会官网，http：//www.cfpa.org.cn/project/GNProjectDetail.aspx？id = 60，2018 - 08 - 11。

二、协同治理：基金会与地方政府的互动

（一）结构嵌入中的基金会

中国扶贫基金会由国务院扶贫办主管，成立于 1989 年，是全国 15 个公募基金会之一。2007 年、2013 年在民政部组织的全国基金会等级评审中，中国扶贫基金会均被评为最高等级 5A 级基金会。其创立的公益品牌项目和活动包括善行者、童伴妈妈、新长城助学、爱心包裹、爱加餐、善品公社、百美村宿等。截至 2017 年底，中国扶贫基金会累计筹措扶贫资金和物资 340.95 亿元，受益贫困人口和灾区民众 3328.07 万人次。[①]

中国扶贫基金会的前身为"中国贫困地区发展基金会"，1990 年更改名称沿用至 2022 年。成立的目的是协助中央政府在全国范围内开展大规模的扶贫开发工作。改革开放以后，中西部地区的经济发展与东部地区的差距日益加大，仅凭政府自身的财政能力，难以解决大规模的贫困问题。于是政府积极动员社会力量参与扶贫开发，一些离退休的政府工作人员，如福建原省委书记项南萌发募集扶贫资金的想法。与此同时，中国政府的扶贫工作也得到一些国际社会组织的关注与帮助，基金会的成立很大程度上也是对接国际援助资金的需要。

基金会的发展历程大致可以以 2000 年的改制为分界点，划分为两个阶段：1989—1999 年为第一阶段，主要是改制之前的行政化运作阶段，探索社会组织参与扶贫的路径；2000 年至今为第二阶段，改制之后市场化运作阶段，主要是培育基金会自身的品牌项目与服务。

第一阶段：行政化运作阶段。

基金会成立之初扶贫资金非常匮乏，这一阶段在探索社会组织解决社会问题的道路上表现出浓郁的行政化色彩，具体体现在三个方面：首先是依靠理事会成员的身份与作用。1990 年基金会的理事达到 110 人之多，几乎所有理事均来自政府部门或大中型企业，这些理事依靠自身的人际关系在促进基金会筹集资金、提高社会影响力方面起到了重要作用。其次是为东西部城市交流搭建

---

① 数据来源：中国扶贫基金会官网，http://www.cfpa.org.cn/about/introduction.aspx，2018 - 08 - 11。

平台。1991 年，经退休干部牵线，基金会组织江苏、陕西两省干部对口交流，为陕西引进项目和人才，转变地方官员的发展理念。后来在国务院扶贫办的支持下，"东西互助，对口支援"的模式得到大力推广，涉及全国 29 个省份。最后是利用国有企业获得援助资金。发展初期，基金会资金匮乏，依靠国有企业捐赠是一个主要的资金来源渠道。如 1991 年，基金会组织、协调钓鱼台国宾馆、云南昭通烟草公司，创"钓鱼台"牌香烟，商定该公司在满足国家和企业的收入后，分为两年捐赠给基金会 1000 万元；1992—1993 年，中国人民银行、中国农业银行、中国建设银行和中国工商银行分别提供 2000 万元的贴息贷款，用于基金会的滚动增值。①

第二阶段：市场化运作阶段。

行政化运作阶段的基金会存在很多问题，如同洪大用在《NGO 扶贫行为研究》一书中所言："在基金会发展的早期，机构的官办色彩较浓，很像一个政府机构。首先，机构本身具有国家编制；其次，机构在目标定位上似乎要对所有贫困地区和贫困人口负责，要对贫困地区的经济和社会发展负责；在行为方式上，机构有点像国家机关，棘手项目申报并审批、拨款，由地方政府实施和管理项目。此种角色定位带来了很多问题，如效率低下、管理粗放、瞄不准目标人群、难以创造品牌与特色等②。"

所以，1999 年国家对社团组织进行清理整顿，明确规定现任领导干部不能兼任社团领导职务后，基金会于 2000 年初召开理事会会议，标志着基金会开始了市场化运作阶段。此次会议明确了基金会发展的宗旨和方向，意识到基金会前期的项目小而分散，因此影响力有限，应将重点转移到自创项目如"母婴平安""小额信贷"等。并且重新划分内部职能部门，其中比较重要的一点是取消基金会员工的事业编制，实行全员合同聘任制。此外，在资金筹集方面也逐渐转向市场化运作，如专门成立"母婴平安"项目筹资小组，面向企业制定具体筹资方案，而不再依靠理事会成员的私人关系和国有企业。还逐渐走向海外，朝国际化方向发展，如 2009 年以来在苏丹开展微笑儿童项目，为非洲儿童提供一些公益帮助等。

---

① 洪大用. 案例1：中国扶贫基金会 [M] // 何道峰. NGO 扶贫行为研究. 北京：中国经济出版社，2001：1 - 76.
② 洪大用. 案例1：中国扶贫基金会 [M] // 何道峰. NGO 扶贫行为研究. 北京：中国经济出版社，2001：1 - 76.

如图 4 - 6 所示，改革之后，理事会依旧是基金会的最高权力机构，由不少于 5 名、不多于 25 名的理事组成，每届任期四年。秘书处作为执行机构，下设常务副秘书长，副秘书长和助理秘书长，由灾害救援部、健康发展部等 15 个细分部门组成。

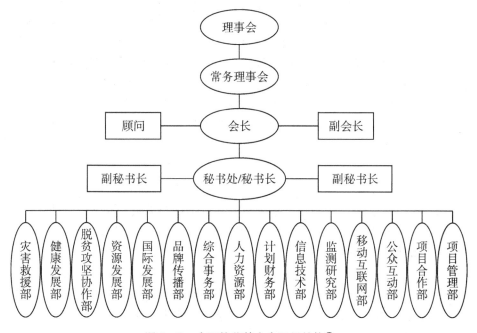

图 4 - 6　中国扶贫基金会组织结构①

需要指出的是，尽管中国扶贫基金会于 2000 年进行了市场化运作的改革，项目资金来源于市场，有些学者将其视为民间社会组织②，但人事上仍与政府部门，尤其是国务院扶贫办有着千丝万缕的联系。历任理事长和秘书长等组织核心领导都具有浓厚的政府背景，如现任理事长郑文凯曾任农业部对外经济合作中心副主任、国务院扶贫办党组成员等，执行副理事长王行最曾就职于农业部国际合作司、国务院扶贫办外资项目管理中心等，秘书长刘文奎先后担任国

---

① 信息来源：中国扶贫基金会官网，http://www.cfpa.org.cn/about/team.aspx，2018 - 08 - 09。
② 赖钰麟. 民间组织从事对外援助：以中国扶贫基金会援助非洲为例 [J]. 国际论坛，2013 (1)：36 - 42.

务院扶贫办中国西部人力资源开发中心主任助理、副主任等。这种官方背景给基金会的自上而下的嵌入带来了很多行政上的便利。

（二）与地方政府的互动关系

已有研究表明，地方政府并非均质的主体，因部门、层级和地域的不同，政府治理结构内部对社会组织的态度存在分歧，比如"条"——从中央到地方各级政府中业务内容性质相同的职能部门，如民政、环保、公安等部门，倾向于对社会组织采取比较宽松的态度；"块"——由不同职能部门组合而成的各个层级的地方政府，包括省、市、县、乡等，倾向于限制组织的活动地域。① 因此，本书根据基金会与地方政府的接触频率和深度，对地方政府内部进一步划分，从县扶贫办和镇政府两方面来考察基金会与地方政府之间的互动关系，进而窥探两者之间的信任状况。

1. 与县扶贫办的互动分析

基金会的官方背景决定了其在项目试点村落选择伊始，就可以凭借国务院扶贫办的关系而快速进入乡村。基金会项目主管介绍了与县政府开始合作百美村宿项目的整个过程：

> 政府现在很支持我们的工作。因为我们的领导层，像我们的主任、分管领导，他们跟每一个省、一些比较重要的市像黔东南州这些省市的关系是比较疏通的，然后我们成都办事处的负责人把我们的项目拿到市级、县级，一级一级地去跟他们沟通，告诉他们我们要在哪个地方做什么事情，我们能为这个地方带来什么，我们要往这儿投多少钱，等等。每一级的扶贫办虽然不能说是我们的"父母"，但最起码都是"长辈"的那种，就是我们要有什么事情的话都会通过他们去协调，我们觉得有些事情和县里很难去沟通的时候，会通过扶贫办这个系统去沟通，也算是当地的一个办事机构，他们负责给我们配套一些当地的资源之类的。（FP-N01-CMM）

通过上述描述可以清楚地看到基金会的嵌入过程，即由基金会的负责人与

---

① 黄晓春，嵇欣. 非协同治理与策略性应对：社会组织自主性研究的一个理论框架［J］. 社会学研究，2014（6）：98－123.

相应层级的地方政府负责人沟通，利用正式的行政关系层层对接。在这一过程中，各级扶贫办成为主要的地方协作者。具体表现上，比如在方村项目建设的各个重要节点上，国务院扶贫办的相关负责人会随同出席活动。县政府官网上的新闻稿可以证实这一点："苗族同胞载歌载舞欢庆中国民生银行'方村古村落保护行动'文化中心正式启动。国务院扶贫办社会扶贫司巡视员曲天军、中国扶贫基金会秘书长刘文奎等领导出席启动仪式并作重要讲话，县政府主要领导、各乡镇党政主要负责人陪同出席启动仪式。"① 所以，在项目主管看来，基金会与扶贫办不仅仅是合作者，还存在一种"上—下"式的照护关系。这体现了基金会对政府的政治资源的依赖，政府官员"陪同出席"是一种"有组织的仪式主义"，通过这种"仪式"社会组织可以获得组织在地方的合法性。

　　江泰县扶贫办负责人的叙述也证实了这一点，县扶贫办在项目实施中有两个作用：一是陪同接待，如项目选点时县级分管领导陪同考察各备选村落，项目动工、完工、民宿开业等重要节点都有县政府相关负责人出席活动；二是协调，主要指征地过程中协助召坊镇进行民事工作调解。

　　　　扶贫基金会的人来了必须要求县扶贫办的人一起陪同，因为对口嘛，所以来的时候分管领导（会去作陪）。……这个也是看扶贫基金会的要求，比如说这次他们要过来，过来之前他们都要联系县扶贫办，我们县扶贫办的负责人就跟他们下去调研。比如他们要建房子，需要协调的时候，或者他们的负责人来需要陪同的时候，要求我们去，（我们）都会去的。（FP-G03-ZZR）

　　已有研究表明，社会组织与地方政府能否建立政治关联的核心在于双方是否具有"互惠性"，"强互惠性"的政治关联可以促使两者形成"利益共同体"，建立"利益共同体"关系之后，社会组织才会获得地方政府的实质性支持。② 基金会进入方村之前，村里仍有不少贫困户（2016 年贫困户占全村人口30%）。在精准扶贫和乡村振兴的国家背景下，基金会在方村的旅游脱贫实践

① 资料来源：江泰县人民政府官网，《方村举行文化中心暨民宿投入使用》，2017 – 06 – 08。
② 杨宝. 嵌入结构、资源动员与项目执行效果：政府购买社会组织服务的案例比较研究［J］.公共管理学报，2018（3）：39 – 50.

毫无疑问是契合地方政府的利益需求的。另一方面，对于基金会来说，尽管长期深耕乡村扶贫实践，但探索乡村发展可持续机制的步履仍未停歇。作为"百美村宿"项目的第一个试点，方村旅游实践对基金会探究新的乡村振兴之道有着重要意义。因此，基金会与地方政府虽有各自不同的行为诉求，但基于村庄脱贫致富与人民福祉提升的共同目标，两者形成了"利益共同体"，在项目执行过程中县扶贫办给予支持和协助。

2. 与镇政府的互动分析

除县扶贫办之外，基金会经常对接的还有召坊镇政府。作为外来组织，基金会在社区实施旅游开发项目，离不开乡镇一级政府的支持和保障。当基金会项目主管与社区之间的沟通出现问题时，"比如说这件事情难做了，你可以直接联系乡里，让乡里跟村里的领导说"（FP-N01-CMM）。这一点在文化中心征地协调上表现尤其突出。

基金会计划在方村修建一个集文化展览、歌舞排练及食宿接待等多功能为一体的文化中心，房屋建设面积 933 平方米，计划建在十组和二组交界处（包含一个共有池塘）。征地工作从 2013 年底开始，但由于村民和村委会就征地赔偿问题未能达成一致意见，导致文化中心迟迟不能动工，严重影响了基金会项目的实施进度。最终由召坊镇政府出面沟通协调，文化中心的建设才得以开展。村文书 FP-R14-ZWS 的两则会议记录记下了当时的情景：

第一则　会议记录

时间：2014 年 8 月 8 日

地点：村委办公室

主持：万××

内容：中国扶贫基金会、中国民生银行、三星集团到方村参加关于美丽乡村建设的开工典礼会

会长（实际上是基金会成都办事处处长）：在建设中出现的种种问题，我们要怎么去解决。解决一个问题，我们就会前进一步。

汤处长（前基金会项目主管）：我们要解决问题才是最重要的。

杨×（江泰县委政法委书记）：张会长和汤总说得很好，感谢他们来到方村建设美丽乡村。请你们放心，关于我们碰到的一些问题，我们一定会解决！

汤处长：①看村干部有没有能力；②看村民有什么想法，村民要对我们有信心，不要一切都依赖我们。我们要搞美丽乡村建设，尽量做好、满足人民的需求。发展产业是我们目前的主轴，以木鼓舞为核心，然后再从农业着手，培养相关相应的人才。不管以后怎么样，我们培养一批人，也算是一个很大的成功。

在前期，项目主管凭个人之力无法推动项目执行的情况下，作为项目执行方的基金会与项目发起方中国民生银行，从组织层面一同向项目支持方江泰县政府争取支持，要求地方政府协助解决征地难题。面对这种情况，县政府当场表态"一定会解决"。

县政府将具体的执行压力下达转移到召坊镇政府，镇政府最终决定执行，竭尽所能地采用各种方式最终解决了这一问题。从资源依赖的角度来看，作为体制内的社会组织，基金会往往会凭借官方背景，可以借助政府的行政体系来运作，通过正式行政渠道（召开三方座谈会）依赖政府的政治资源予以解决①，本书将这种策略称为"行政依赖"。

扶贫治理本质上是一种资源的再分配过程，社会组织是这个再分配过程的重要组成部分。党的十九大报告指出，要加强社区治理体系建设，推动社会治理重心向基层下移，发挥社会组织作用，实现政府治理和社会调节、居民自治良性互动，形成多元化、合作互动的治理网络。推动多方参与、协同治理网络建立的核心机制是组织间的资源依赖，即政府和诸如社会组织的其他主体为解决具有复杂治理特征的任务或问题，通过相互合作，形成功能互补、资源互赖的关系，进而解决问题。中国扶贫基金会为方村脱贫引入社会资源，提供开发式公共服务产品，深度参与基层社区治理，一定程度上弥补了地方政府在开发资金、专业运作等方面的不足。与此同时，社会组织也不可避免地在项目执行中依赖地方政府的政治资源。双方协同治理，共同推动着当地的脱贫攻坚与乡村振兴实践。

---

① 徐宇珊. 非对称性依赖：中国基金会与政府关系研究［J］. 公共管理学报，2008（1）：33 - 40.

三、艰难推进：基金会与社区的互动

本小节将从基金会的资源和网络嵌入两方面来考察嵌入过程中基金会与社区之间的互动关系。

（一）基金会的资源嵌入与社区博弈

1. 阻挠文化中心征地

文化中心是基金会在方村最重要的工程项目之一。基金会希望通过文化中心向游客提供旅游接待服务、展示方村历史文化的同时，能够为社区塑造公共活动空间，"最重要的一点是让这个文化中心真正成为村子的中心，让村里把他们的一些记忆、一些传承、一些文化都放到文化中心里，让村里的每一代人都知道这个地方，比如我们有个什么事儿去文化中心开个会，谁家办婚礼去中心办"（FP-N01-CMM）。最终达到增强社区认同的目的。

文化中心拟建之地，村委会声称归村集体所有，而有些村民则声称归其所有，反对征地。从2013年底至2014年8月，村委会和基金会一直疲于应对征地调解，分组入户与村民沟通，做思想工作，但仅凭村委会之力无法解决。如前所述，最终还是由上级政府出面实施，村民才陆续同意签订补偿协议，26户村民每户获得赔偿金750元。至此，文化中心才得以破土动工。

就村委会而言，征地困难的原因一方面在于村干部人数太少（只有三人），时间和精力有限；另一方面，"我们也不敢说他（反对征地的村民），都是本村的，（我们）又不是真正的工作人员，你不可能跟他打架啊。所以由乡政府的人出面还是要好一点，三年我们就下来，造成矛盾也不好"。身为熟人社会的一员，村干部并不愿为了村庄公共事务的发展而得罪乡里乡亲，因公事结下私怨，所以在征地中并不强硬。

至于村民反对的原因，在调研中得到很多不同的说法，从局外人的视角来看，有人认为是因为村民发展意识太差，目光短浅，只顾眼前蝇头小利，安于现状，注重享乐，不思进取：

> 就是我们老百姓想发展的积极性不高，沉浸于现状。因为它以前是比较落后的，交通是比较封闭的，以前就是靠我们自娱自乐的方村木鼓舞和

多声部情歌，农耕累了休息时我们一起唱一唱、跳一跳，就是满足于这种现状。每隔三天过一个小节，有吃有喝的，有玩有跳的，有看的，他就不想着做了。家里有吃有喝的我干嘛还去工作，他们打工不是持续性的，不是从年头到年尾，偶尔会回来聚一下。一年当中有什么节日就回来了，找三四个月，有吃的就回来了，把钱用完了就再去找工作。你说你是去打工赚钱吗？这是跟车子走油费啊！（FP-G01-YCR）

村里的年轻人在外打工，留下的都是老人和小孩，你打交道的这些人都是比较闭塞的，他们不愿去冒什么风险。从一个旁观者的角度来看，他们苗族对钱不是特别在意。他们不是说我有多少钱我就特别开心，他们更喜欢过一种自由自在、无忧无虑的生活，就是不要因为一些钱、利益的事情打破他们的生活状态。他们有时候宁可不挣这个钱，也要把该享受的娱乐项目都享受到。（FP-N01-CMM）

从局内人的视角来看，村民反对征地有着更加深刻的行为逻辑。一位村民提到了"放生塘"信仰：文化中心所占的土地包括一个池塘，这原本是 26 户村民共有的放生塘，每年二、三月份鱼产卵的时节村民会清理放生塘，从自家梯田中抓鱼苗放至此池塘，同时将往年放养的已经长大的鱼再抓回梯田，放生的时候伴以烧香叩拜的仪式，以此放生积福，祈求家人一年顺遂平安。放生塘信仰的由来与方村起源的传说有关。据悉，方村村民的祖先原来生活在剑河县一带，祖先打猎至方村附近，因猎狗跑到村内池塘洗澡而沾上浮萍，祖先看到猎狗身上的浮萍后便认为方村一带有水有田，适宜居住，便从剑河搬至此处，繁衍至今。所以，村民会视此放生塘为"古董"，外人不能随意冒犯，"那个鱼塘是我们老祖宗留下来的，只有我们能抓，别人不给（抓）的。我们那个鱼塘不能动的，是古董，放生的"（FP-R24-TZD）。旅游开发与地方传统文化信仰之间的冲突，导致村民抵抗文化中心征地。

但这只是少数村民的观点，在同其他村民求证的过程中，笔者却被告知："以前说是这样（放生祭拜），现在也不存在了吧？这里在征之前都是污水啊。"（FP-R09-WDX）而有的村民对地方政府并不完全信任，不相信所谓的旅游规划开发项目，进而做出不支持基金会帮扶项目的决策与行动。

所以，尽管有一部分村民是因为经济补偿未能满足而反对的，"不过也有些人不跟你谈条件，就不给你征。他们就是说，因为他们家将来还要盖房子。……大部分（村民）都是说找一块地给他，地换地"（FP-R14-ZWS），并没有过多贪念。Sood 等人在研究印度寄宿家庭计划中的社区不参与现象时，提出了一个"故意不参与"（deliberate non-participation）的概念和划分类型，他指出某种忧虑、恐惧、偏见等原因可能导致社区居民的参与动机不强，进而使得社区参与缺失。① 可以将方村村民的行为理解为一种"故意不参与"，行为背后的忧虑需要进一步分析。

可以知晓的是，利益在方村文化中心征地事件中并不是唯一原因，放生塘的文化信仰在少数村民中起到作用，但更多的原因还在于对旅游项目和基金会并不完全信任。从信任建立的过程视角来看，可以借鉴 McKnight 等人提出的"初始信任"（initial trust）概念来理解社区居民的抵抗行为。初始信任指的是两个不熟悉的当事方之间的信任，在没有与受信者事先互动的情况下，施信者不能在直接经验的基础上产生信任判断，而不得不依靠二手信息或者环境因素来做出信任推论。② 对于外来组织基金会来说，一方面，村民并无与其交往的直接经验可供参考，另一方面，对于一些村民而言，他们并没有社会组织的概念③，基金会在地方人员的陪同下进入社区进行旅游开发，村民根据过去的经历做出判断，担心基金会的旅游扶贫是"雷声大雨点小"的项目。因此，尽管基金会好心好意帮扶方村发展旅游、脱贫致富，但村民对旅游开发项目的不信任深深地影响了基金会的项目的实施，使得村民反对援助项目建设。

当基金会与社区产生不信任关系时，放弃项目及时止损也是基金会备选的策略之一。

2. "参与"旧民居改造

除了修建文化中心作为旅游接待设施之外，基金会还在方村选择两户旧民居作为民宿改造示范户，村民将自家房屋出租给旅游合作社由基金会出资装修。基金会最初的设想是鼓励村内已有的农家乐按照他们的要求重修装修，每户由基金会补贴 2 万元，村民自己出资 3 万～4 万元。但是，鉴于当初打造农家乐时县扶贫办采用的就是相同的"政府补贴 + 农户出资"模式，村民投资

① SOOD J, LYNCH P, ANASTASIADOU C. Community non-participation in homestays in Kullu, Himachal Pradesh, India [J]. Tourism Management, 2017, 60: 332 – 347.

② MCKNIGHT D H, CUMMINGS L L, CHERVANY N L. Initial trust formation in new organizational relationships [J]. Academy of Management Review, 1998, 23 (3): 473 – 490.

③ 韩俊魁, 纪颖. 汶川地震中公益行动的实证分析: 以 NGO 为主线 [J]. 中国非营利评论, 2008 (2): 1 – 25.

之后也未见到明显的旅游收益，因此当基金会提出这个方案之后，并没有得到响应。于是，基金会不得不更换方案为租用旧民居进行改造。合作社与村委会按照房屋状况、地理条件、民事工作是否好做等标准选了 6～8 家作为备选，最终确定两家，打造出红豆杉和台湾杉两栋民宿建筑。这两家都是因为儿子处于适婚年龄需另起新房，所以同意将旧宅出租的，"反正都起了一栋新房子了，可以嘛，得一块（钱）是一块。开始他们说的就是这么多，那我说有一点少，能不能多给一点，他们说没有多啦，就这样。我想来想去这样也可以，卖出去也不值什么钱。这个钱（租金）其实也没有多少，我主要打算他们帮我维修，把里面都装修好。反正租给他们十年嘛，我估计里面也不会有什么坏掉的，也不知道他们是骗我们还是真的"（FP-R04-ZZF）。

然而，村民的同意并非是无条件的，与合作社和基金会之间也存在博弈。ZZF 这位村民因建新房缺少资金，其同意出租旧房子的前提是要求合作社借1.5 万元给自己修新房子，"我当时跟他们签那个（租房协议）的时候就跟他们说，我修房子还需要钱，他们同意（借给我）。我说我以后拿这个（利润分红）来还行不行？他们说不行，这个时间太长了，他们就暂时借两三年给我"（FP-R04-ZZF）。双方最终达成一致，合作社无息借款 1.5 万元给 ZZF 盖新房，ZZF 同意把旧房出租给合作社十年用于旅游民宿经营，双方签订租房协议和借条，借条如下：

借 条

　　江泰县方村村民张××今借到江泰县方村福民旅游专业合作社人民币15000 元整（大写：壹万伍仟元整），承诺两年之内还清15000 元，不计息。由方村支部文书张×作为担保人，经济担保书见附件。

　　此据。

红豆杉和台湾杉民宿对外经营之后，合作社租赁房屋，并承担装修维护和经营之责的这种模式得到了其他村民的认可，笔者调研期间，有村民表达了出租自家房屋的想法，"我也想把我们家的房子给他们装修，他们当时让我们把上面的那个房子给他们装修，但是，爷爷不同意，现在听他们的，到时候看如果今年不装修，明年就拿给他们"（FP-R02-YJ）。但实际上，村民认可的这种模式却背离了基金会促进村民参与的初衷，实质上是社区与基金会在"参与"问题上的分歧和矛盾。基金会的目的在于将村民纳入旅游发展，直接参与旅游经营活动，而实现这个目的的途径是村民自己出资，基金会通过补贴、培训、制定服务标准等方式给予扶持，这是一种"授之以渔"的造血式扶贫。但村民却志不在此，村民希望的方式是合作社租赁旧民居支付租金，然后统一经营、自负盈亏，村民只参与利润分红即可，这是一种能立即见到利益（"鱼"）的方式。所以，这种情况下，村民的参与并不是真正意义上的"旅游参与"，旅游发展与村民仍然是隔离的。

3. 举办文化周活动

为了提升方村的知名度，基金会策划"方村古村落文化周"的系列活动。自2014年起每年苗年来临之际，在基金会和地方政府的资金支持下，方村村委会和合作社通过举办斗牛、斗鸟、舞蹈比赛和苗歌比赛等活动，吸引周边苗族村落的村民共同庆祝苗年，同时弘扬苗族文化，宣传方村。

2014年举办第一届文化周活动时，由当时的项目主管汤××和合作社理事长FP-R09-WDX负责制作舞台背景、横幅、易拉宝等各项采买事宜。采买结束回到村里，一些合作社成员得知购买的价格（5000元）后认为过高，觉得发票数额过大，怀疑两人中饱私囊，便质问FP-R09-WDX：

> FP-R09-WDX说，我是和汤××一起去的，买东西的时候，汤××也在场，不信你们去问汤××。汤××说，这个东西我是知道的，钱确实也是这么多，东西就是这么贵。可他们就不相信嘛，说我们两个是一伙的，至少应该有我们村的一个人跟着去，意思就是我们买这个到底贵不贵他们又不知道。（FP-R14-ZWS）
>
> 回来之后有一些村民觉得不叫他们去，说我们有些什么。当时汤××真的很生气，有些村民就说他"你不是方村人"，可汤××是好心好意地在帮方村做事啊！（FP-R09-WDX）

在村民眼里，基金会的项目主管与合作社理事长（当时也是方村支书）是同伙。活动结束之后，次年春，村民将此事向江泰县纪委举报。县纪委派人进村核查账目，包括合作社和村委会的账目，结果并没有发现贪污行为。"他们举报的那一次影响了我们（村委会）的三大头儿，我们的三大头儿所有的账全部都被查了。"（FP-R14-ZWS）"后面纪委来调查我们这些材料，纪委就说人家搞的这些材料很便宜的，他们这个不贵呀，别家的更贵。"（FP-R09-

WDX）

尽管没有违法行为，但村民举报的行为依然给方村带来了负面影响。2015年举办文化周活动时，村委会请求相关部门予以资金支持时被拒绝，所以第二届活动资金主要由基金会赞助。

到2016年筹备第三届的时候，文化周活动的主题和执行方案都已拟定了，46万元的预算已经详细做出，但最终仍然没有举办，关键原因在于没有活动经费来源。由于社区的依赖以及活动投入与产出不成比例，作为出资方基金会也不愿继续出资举办活动。"2014年、2015年连续两年举办文化周活动，合作社好像就是义务的。他（村委会）去申请资金，先是找政府要，如果政府不给他就跟我们要，然后去年我们是完全赞助的，给的不少，但合作社也没有赚一分钱。也有游客过来食宿，可是完全覆盖不了我们的成本，这是一件很恼火的事情。……他们感觉我们就是'冤大头'，反正没钱了就跟我们要。"（FP-N01-CMM）

村民唐某的故事进一步加深了项目主管的这一感受。2016年4月，村民唐某来到合作社希望向基金会借款用于家猪养殖，项目主管了解事情缘由之后认为养殖业不属于基金会的扶持范围，向其说明了基金会援助资金专款专用的原则，建议唐某以贷款的方式解决资金缺口问题，并表示基金会可以帮助其联系乡镇有关部门提交申请材料。然而该村民并不接受这一建议，在数次要求遭拒的情况下竟与项目主管发生争执。在唐某看来，基金会是来帮助村民发展的，但是村民并没有参与其中，"合作社的钱不跟村民说，也不知道村里将来要发展成什么样子"，甚至怀疑基金会的援助款被合作社理事长和项目主管侵吞，质问项目主管援助款的去向。

在有些人眼里，社会组织似乎成了责任无限的扶助机构。这反映出两点事实：第一，社区公共性的缺失，从宽泛的角度来理解，"公共性"即为民众资源"参与塑造公共空间"①，公共精神的缺失使得社区居民仍囿于私人领域；第二，从另外一方面说明基金会的嵌入并没有提升社区公共性，反而使社区产生了强烈的经济依赖（"没钱了就跟我们要"），进一步蚕食和消解着社区的自治能力。

---

① 李友梅，肖瑛，黄晓春. 当代中国社会建设的公共性困境及其超越［J］. 中国社会科学，2012（4）：125－139.

4. 拒签凉亭竣工验收单

村民对基金会项目主管的怀疑在拒签凉亭竣工单这件事情上表现得更甚。在贵州省建筑设计院的规划设计中，需要建四个木质凉亭将方村周边的景观串联起来，形成一个旅游环线。但因征地失败，"不知道占了谁家的地，反正一直没有协调好，不行我们就不做了"（FP-N01-CMM）。基金会不得不放弃，最终只建成一个凉亭。建成之后，基金会需要给木工队支付工程款。根据基金会的财务制度要求，必须提供一份工程竣工验收单，且需要至少三名村委会成员或者合作社成员的签名，以此证明项目完结，方可走账。项目主管在离开方村之前办理了相关手续，但回到成都之后因为一次搬家不小心将带有签名的竣工验收单遗失，所以需要合作社理事长 FP-R09-WDX 帮忙找人协助补签，以尽快给施工方拨付项目款。FP-R09-WDX 找到了三位合作社理事，他们却拒绝签字。

> 今天我去找他们，他们说这个不行，必须叫毛毛（项目主管）当面跟他们说清楚才签字。我就打电话给毛毛，搞了个扩音（指免提通话）。毛毛跟他们说得很清楚，这个当时确实是搬家的时候弄丢了，要补一个。其实那个款还没有给我们拨，是不是？你看他们都不签。我说人家好心好意拿钱来打造方村，你们还在这刁难人家。（FP-R09-WDX）

FP-R09-WDX 认为是这些理事们在故意刁难，而理事们解释了他们的出发点：

> 理事：电话里他跟我们说丢了，但没有在我们面前说。
> 笔者：电话说和当面说不是一样的吗？
> 理事：一样的？我们一定要让他过来当面跟我们签这个字，说"这个条子已经了结了，现在只是补办"。他如果这样来签字，那我们就给他签字。我们怕他们第二次"吃饭"，就是说你已经报过账了，又来重复报账。……基金会的资金是给方村建设的，不是让这些人乱搞的。（FP-R18-ZMT）

当社会组织与社区之间形成不信任关系后，社区采取了弱抵抗的行为策略。弱抵抗，与折晓叶提出的"韧武器"抵制策略相似，这种武器包括绕开正面冲突、见缝插针、出尔反尔、事后追索、共担风险、共同沾光等。① 在本案例中具体表现为不参与（不参与旅游合作社）、不配合（拒签凉亭验收单）。除此之外，还采用恶意的流言蜚语和人格诋毁损害合作社理事长的个人声誉。笔者在调研过程中被个别村民煞有其事地告知，基金会项目主管曾于 2017 年6 月召开过合作社理事会议，商讨理事长换届事宜，项目主管在会上宣称换届原因是理事长贪污了 30 万元。但笔者在跟项目主管和其他理事的求证中发现，项目主管从未提及过 30 万元的事情，只是按照合作社章程规定，理事长正常任职时限到期后需要召开理事会议商讨更换，走一遍流程并听取理事意见而已，最后竟然演变为理事长贪污。正如斯科特在《弱者的武器》中所揭示的，"从属阶层的人们很少能采用公开的、有组织的政治行动，即使他们设法从事了这类运动，也会在权力阶层的压迫下迅速萎靡"，因此，"农民反抗的日常形式"常常是隐蔽的、无组织的，而"作为一种反抗形式，流言蜚语是一种在权力和可能的镇压使公开的不敬举动变得危险的情境下的民主之声，……恶意的流言蜚语象征性地损毁富人的声誉。这种一点点的蚕食，对权力结构的整体影响是很难评估的，但它是可供从属阶层利用的为反抗实践穿上表面顺从的安全外衣的少数方式之一"②。某种程度上说，个别村民造谣和恶意中伤合作社理事长的行为，形式上可以理解为一种"弱者"的武器，是村民反抗的一种具象表达，通过诋毁他人名誉的方式表达对基金会旅游实践项目的不信任。

（二）基金会的网络嵌入与社区分化

1. 旅游合作社的建立

多年的扶贫实践使基金会认识到村民整合对于农村的发展至关重要。因此，2014 年项目主管进村伊始便着手成立方村福民旅游合作社，赞助启动资金 10 万元。然后依托村庄内部的政治精英关系网络展开工作，由时任村支书的 FP-R09-WDX 担任合作社理事长，再通过投票从 10 个居民小组中选出 21 人组成由 8 名理事、4 名监事、9 名普通代表构成的合作社，合作社下设木工协

---

① 折晓叶. 合作与非对抗性抵制：弱者的"韧武器"[J]. 社会学研究，2008（3）：1-28.
② 詹姆斯·C. 斯科特. 弱者的武器 [M]. 郑广怀，张敏，何江穗，译. 南京：译林出版社，2007.

会、木鼓舞协会和旅游协会。基金会的初衷是全村所有村民均为合作社成员，每户按人头参与合作社年底的旅游分红。基金会试图通过建立村民共同参与、共享合作社股份的机制，在社区建立新的网络连接，探索社区自治的道路，实现社区的自主良性发展。

实际上，木工协会只是由本村木工唐师傅带领 30 位村民组成的一个建筑队，竞标成功后负责文化中心的主体建设、盖瓦油漆、雕窗画栋等，跟合作社实则并无多大关系。

木鼓舞协会的前身是 2012 年成立的方村木鼓舞艺术团，由国家级非遗传承人万老师担任法人。基金会介入方村之后将其纳入福民旅游合作社，称为木鼓舞协会。合作社成立之后，基金会资助万老师编排节目，教成员跳木鼓舞，每月由万老师教木鼓舞协会的 20 名成员跳舞，每周一次，基金会每月发放万老师 500 元，其他成员每月 400 元，持续将近一年时间。后来因为合作社理事长和基金会项目主管认为排练没有进展，参与排练的村民主要是为了赚取每月的排练补贴，于是就停止了资助。因为游客量较少，当初参加排演的村民有很多外出务工，剩下少数在家。若有旅游团预订观看表演，万老师会组织大家表演，一场演出 1200 元，合作社分 30%，其余 70% 由演员分配。时长 40 ～ 60 分钟不等，节目包括木鼓舞、多声部情歌以及其他苗族歌舞。

而旅游协会实际上就是以 FP-R09-WDX 为首的旅游合作社。合作社在实际操作中也困难重重，成立之后呈现一种"不开会、不分红、没有人"的透明状态。2016 年 8 月在笔者调研期间，合作社在村里张贴公告，并通过村委会的高音喇叭通知全村村民合作社招聘文化中心服务员工，包括前台、客房卫生和餐饮负责人共 11 人，"我们鼓励村民加入我们合作社，来统一做这个餐饮，但是，我们在外面贴出公告却没有人报名"（FP-N01-CMM），可见无村民愿意参与。后来经过村委会和合作社理事长的推荐，2016 年 9 月，基金会项目主管带 10 位村民（6 女 4 男）前往广西龙脊梯田景区某酒店学习前台和客房的服务技能，"本来培训完，等方村文化中心搞好之后这 10 位村民就可以在这里就业，但是，后来因为我们这边旅游还没有发展起来，中国扶贫基金会找了一个循美公司，就承包给他们了"（FP-R09-WDX）。所以，这些参与培训的人最终并没有去文化中心上班，未曾参与到旅游发展当中。2016 年以来，因为"没有工程项目"，合作社原定每月一次的理事会和监事会也停止召开。"现在感觉就像是一个空架子一样。就是我和 FP-R09-WDX 在忙，这种感觉真的挺不好的。我们其实想让村庄越来越多的人加入进来跟我们一起干，我们的援助是针对村庄的每一个人，但是，村庄里面真正办事的人没有几个，让人很郁闷，而且年终还要给每个人分红。我们做这个项目其实是比较理想化的。"（FP-N01-CMM）

由此可见，村民并无主动加入合作社的热情，而是采取一种观望的态度。直接原因是旅游收益很少，无法产生强烈的吸引力，如同合作社的监事长在访谈中表示，"好像没什么看头。因为没有什么收入，先看看，现在都在赔钱"（FP-R26-ZXC）。基金会项目主管也认为由于没有分红，因此村民对他们的信任度不高，所以不愿参与合作社相关事宜，"说白了，你看啊，从2014年到2016年，做了三年了，年底都没有分红，我觉得我们内部也有一定的问题，对合作社的运营、合作社的组建这一块还是存在问题的。……哎，所以怎么说，整个村庄对于我们的信任度也不是特别高"（FP-N01-CMM）。

另一方面，基金会与村民的直接互动不足进一步固化了村民的既有感知。在项目执行中，基金会的工作主要集中在民居改造、文化活动中心和观景台修建等工程建筑的硬件方面。项目主管在访谈中说道：

> 其实我们的工作主要还是在工建方面，真正在合作社这一块，就是真正和村民面对面接触，我们在当地找一些能干事的，比较有影响力的一些人物，比如说合作社理事长这种，他就是我们认为比较有能力的这种人，让他把我们的意思带到村民那里，让他帮我们谈。这样的话，他也会给我们反馈一些村民的想法，以及他对我们和整个村庄的一个想法，他都会跟我们一起协商、一起协调，基本上我们目前的做法就是这样。（FP-N01-CMM）

基金会的做法很容易理解。作为外来组织，基金会不可能长期驻扎方村。为了培育社区自主发展能力，同时也是提升旅游扶贫项目的长期可持续性，发掘和培养合作社理事长这种本土社区精英很有必要。正是因为这些社区能人的存在，使得社会组织的援助项目不至于"组织撤出后，效果就很快消失"。但事物都有两面性，如前所述，信任是随着时间的推移而不断发展的，当村民与外来的基金会长期接触，获得大量一手资料之后，可能会改变初始不信任的态度。基金会项目主管与村民直接互动较少，而较多地依赖原有社区能人，如合作社理事长，这些能人成为在项目建设后续阶段中基金会与村民之间信任关系建立的关键因素。基金会自身却并未成为受社区信任的"第三方"，也因此未能突破村庄原有的人际关系网络，建立新的信任关系。①

2. 社区内部的分化

基金会带援助金介入村庄，让原村支书负责旅游合作社事宜的行为，一定程度上激化了村庄原有关系网络中的利益分化与权力争夺。基金会项目主管讲述了村民与合作社争客的一个例子。2016 年 7 月中旬，合作社对接了一批团队游客，游玩结束后被村民拦截到自己家中用餐，"原本来我们合作社（吃饭）就挺好的呀，没想到被村民截胡了，'手抓鸡'就给人上了（笑）"（FP-N01-CMM）。

中国扶贫基金会秘书长刘文奎在其著作《乡村振兴与可持续发展之路》一书中写道：

> 然而这个事先大家一致看好的村庄，项目进展却不如我们想象的那样顺利。
>
> 美丽村庄的背后，隐藏着我们未曾预料的矛盾，错综复杂的家族关系、经年累月的私人恩怨、过往项目的经济纠纷，通通都反映到我们项目的实施过程中。村里人试图通过阻挠项目实施逼我们出面帮他们解决之前的矛盾，原本是为村民设计的发展项目，却成了村里人人都想咬一口的唐僧肉，阻工、闹事、敲竹杠等不一而足，让项目推进举步维艰。
>
> 因为方村项目是指定的，而不是严格按照设计采用竞争机制选出来的，我们也没有设置项目终止和退出条件，当后来项目遇到麻烦执行不下去的时候，我们虽想终止项目，但是实际上已经停不下来了。因为当地群众认为既然捐赠仪式都举行了，捐赠资金就不能再撤走了。我们陷入了进退维谷的尴尬境地。

有学者根据社会组织嵌入村庄的不同方式概括出三种"理想类型"：第一种是社会组织依托招募而来的项目官员和相关工作人员在村庄自建工作网络；第二种是依托村庄既有的政治精英的人际关系网络开展工作；第三种是依托村庄社会精英的人际关系网络嵌入社区。研究者进一步指出，依托人际关系网络

---

① 罗家德，李智超. 乡村社区自组织治理的信任机制初探：以一个村民经济合作组织为例 [J]. 管理世界，2012（10）：83－93.

的嵌入方式会进一步强化网络内的致密性和网络内外的区隔，自建的工作网对社区人际关系无法产生作用，而依托社会精英的嵌入则使得村庄分裂出多个分隔的关系网络，难以形成整体的社区认同。① 可以清楚地看到，基金会嵌入方村属于第二种类型，即依托村干部的人际网络开展工作。但是，与以往研究不同的是，在本研究中并未发现 NGO 的介入强化了网络内部的致密性；相反，不仅其行为受到社区原有社会结构的影响，未能拓展方村的信任网络，而且其资源的嵌入反而增加了社区关系的复杂性，导致社区进一步的分化。

四、尾声：基金会的撤出与旅游公司的进驻

2017 年 6 月，方村文化中心建成，基金会在村内的项目建设阶段已结束，三年的项目执行周期已经超出半年，驻村项目主管从村庄撤走，但考虑到社区自身并不具备经营和管理精品民宿的经验与能力，于是基金会引入外来管理公司——贵州循美匠心旅游文化发展有限公司（以下简称"循美公司"）入驻。

循美公司成立于 2015 年，在西江千户苗寨景区拥有"循美·半山"和"循美·花园"两家酒店。实际上，基金会在接洽循美公司之前曾找过很多其他公司，但由于方村地理位置偏僻，距离客源市场较远，且文化中心的功能偏向社区活动中心，旅游接待的商业功能较弱，不便于民宿运营，因此合作未能达成。直到接触循美公司，当时循美公司正在考虑为西江千户苗寨半山和花园酒店的住店客人提供民族文化深度体验之旅，但是，西江旅游商业化比较严重，便考虑串联部分周边的原生态村落，开发诸如蜡染、刺绣体验项目。然而，这些原生态村落往往缺乏必要的旅游接待设施。当时循美公司就考虑拿出一笔资金，与原生态村落的某些村民合作，培训他们成为当地的旅游接待者。循美公司的负责人回忆道："当时正在构思，刚好基金会找到我。后来一沟通，我说没问题啊，本身我就在做公益，因为一开始知道这个项目不赚钱，而且我们公司也需要出资做公益的这个版块，基金会把这么一个完整的项目交给我们更加便于我们做产品，便于我们公司顾客的内部体验，所以我就答应了这件事情。说起来这是一件很偶然的事情，但好像又是一件必然的事情。"（FP-C02-XZ）

---

① 李智超. 乡村社区认同与公共事务治理：基于社会网络的视角 [M]. 北京：中国社会科学出版社，2015.

于是在基金会的促成下，循美公司与方村福民旅游合作社达成共识，2017年至2020年循美公司在方村运营文化中心、1号民宿、2号民宿期间，需向方村提供每年不低于10万元的收益提成，基金会对双方的合作事宜拥有监督权。

循美公司接管之后，方村的民宿开始对外营业。入住人员主要为循美西江店部分游客，受接待量所限，游客并不多。当然，除此之外，偶尔还会有一些旅游团过来欣赏木鼓舞表演，只在文化中心用餐，并不过夜。民宿管家由循美公司西江店的员工来轮值担任，同时聘请三位方村女性村民负责打扫客房和餐厅的卫生。合同中规定"乙方（循美公司）在经营期有义务在电子商务、快递运输、洗涤与晾晒、食材供应、物产整合、餐饮业务、重要资源保护等方面与甲方（福民旅游合作社）和方村村民形成紧密关系，并在供应商选择上向当地人倾斜"。然而据观察，实际操作中并非完全如此。笔者第二次调研期间入住文化中心，与公司员工同吃员工餐，"晚上吃饭的时候，瘦大姐（方村村民，在文化中心打扫卫生）问阿昆（循美民宿主管）要不要买菜，说今天有村民让她帮忙问。阿昆问都有什么菜，大姐说都是些季节蔬菜：辣椒、番茄、豇豆、丝瓜。阿昆说不要了，这些不够，还是要去县城买。让大姐们帮忙在村里买一些糯米，因为明天有四个客人想要体验打糍粑"（摘自调研笔记，7月28日）。在蔬菜日常供应上，民宿主管倾向于去县城集中采购，而不是从村民手中购买，这使得当地社区参与旅游的机会未得到充分利用。

五、本章小结

通过上述梳理可知，中国扶贫基金会为方村引入了经济资源和专业管理团队，试图通过社区参与旅游开发实现地方的脱贫致富，但在项目执行中面临一些具体的困难导致嵌入程度不足。官办身份给基金会自上而下嵌入地方带来了便利，基金会凭借其主管单位国务院扶贫办的组织背景能够在地方扶贫办的帮助下快速地进入地方。地方政府为社会组织的嵌入提供了政治资源，社会组织在某种程度上解决了地方政府在扶贫资金上的困难，两者基于组织间的资源依赖构建了临时的协同治理网络。

基金会与地方政府的协同治理取得了一定成效，在硬件方面，为方村的旅游发展修建了旅游中心和民宿等接待设施，以及凉亭等景观；软件方面，协助村庄成立了旅游合作社，提升了部分村民的旅游服务技能，为村庄引入了专业的运营团队。基金会的帮扶项目为方村实现精准脱贫和乡村振兴奠定了基础，截至 2018 年末，福民旅游合作社营业额达 26 万元。2019 年 3 月 22 日，项目召开分红大会，将第一年合作社红利的 80% 平均分配给摸底调查选定的 38 户贫困户，剩余红利的 20% 作为村庄集体资金，全体村民共同享有。

然而，成效是在争吵中艰难取得的。从信任的角度来看，受村民对旅游开发项目不信任的影响，基金会在社区的初始信任并未建立。这一境况在培养社区能人，依赖社区精英作为中间人的行为方式中进一步固化。因此，基金会在与社区的互动中遭遇了少数村民的不理解和反对，如不参与旅游合作社、反对文化中心征地、举报文化周活动、拒签凉亭验收单等。

当个别村民与社会组织之间产生不信任关系时，村民采取反对的行为策略，根据抵制程度由浅至深地将其分为"弱抵制""公开抵制"和"进攻性抵制"三个层次。弱抵制体现在不参与旅游合作社、拒签凉亭验收单、采用恶意的流言蜚语背后诋毁基金会项目主管和村干部等方式上；公开抵制指公开阻挠项目施工；进攻性抵制体现在村民借助法律程序主动上告合作社理事。面对个别村民的反对，社会组织采取了行政依赖策略，即借助地方政府的政治资源推进项目，同时放弃项目、撤出村庄的妥协和规避策略也是社会组织考虑的方案之一。

社会组织依托村干部等政治精英的关系网络嵌入村庄的方式，并没有出现已有研究表明的强化网络内部致密性的结果，反而因为资金的嵌入导致社区内部分化。村民与合作社之间的纷争严重消耗了社区公共性，使得村民对合作社的感知可信度进一步降低。

第五章　FFI 嵌入中的合作与疏离

上一章探讨了自上而下的社会组织在嵌入地方过程中与地方政府和社区之间的互动关系，发现社会组织利用自身的组织背景能够实现快速嵌入，但同时也受身份所限未能与社区建立初始信任关系，最终负面影响了其嵌入的深度，造成社会组织自上而下嵌入的依附性困境。与自上而下的嵌入方式相比，本章将通过对野生动植物保护国际（Fauna & Flora International，简称 FFI）的考察，梳理其在保护地方动植物资源、促进生态旅游发展中，与地方政府和社区之间的互动关系，探究境外在华社会组织的嵌入过程。

一、社会组织的嵌入背景

（一）村情概要

培秀村位于广西壮族自治区柳州市融水苗族自治县安太乡东南部，坐落在元宝山国家级自然保护区西麓，距安太乡政府所在地 18 公里。下辖上屯、下屯、南西 3 个自然屯。全村共有 433 户 2142 人，均系苗族，其中贫困户 215 户 876 人，分属蒙、梁、马、何、石五大姓。培秀村基础条件差，道路设施和公共服务建设等方面明显滞后。绝大多数村民没有创收渠道，村民收入主要以外出劳工收入为主，2016 年全村人均收入 2980 元。①

村内自古就有封树的传统习俗。根据 2017 年县林业局进行古树名木的调查统计，培秀村有古树名木 258 株，是整个安太乡古树最多的村落，占全乡古树名木的 50% 左右。培秀村自古就有崇拜自然、尊崇大树的习俗。当树长到一定树龄，村民会把树"封起来"，树种以枫香树和马尾松为主。封树是当地古树崇拜的体现，一般由老人牵头，指定具体的大树，不论这些树长在个人田

---

①　数据来源：培秀村村委会，2017 - 09 - 20。

地，还是公共区域，一旦指定即为公有，视为保寨树，任何人不能动一枝一叶。即便此树遭到雷击等自然因素而死亡，也不能动。被封上的树由村委会或林业局用红色油漆，在树上写"封"字，以此公示。

（二）旅游发展概况：从政府主导到社区参与

培秀村的旅游发展历程与元宝山的开发过程是紧密相连的。1985 年融水县成立旅游开发办公室，次年，融水县对外开放后旋即有境外游客前来观光游览，县政府遂要求旅游开发办公室做好旅游宣传和接待工作的同时，对全域内的旅游资源进行调查和规划。于是，1986 年至 1987 年间，县政府两次组织县建委、旅游办、林业局、文化局等单位实地调查元宝山和贝江的旅游资源，收集了大量的图片和录像资料，并整理成文。在此基础上，编写《融水苗族自治县民族风情、风景名胜旅游资源开发初步设想》。根据这个设想，元宝山随后被自治区政府授予省级风景名胜旅游区的称号。1993 年，县政府聘请林业部中南调查设计院专门针对元宝山进行"元宝山国家级森林公园"的规划设计，此次规划中，培秀村与小桑村、元宝村、白竹村等被共同纳入民族风情旅游区，主要功能以一日游为主，同时作为进入元宝山旅游的一个大本营，接待元宝山无名峰游览上下山游客的住宿，向游客展示苗族风情，主要内容包括芦笙舞、踩堂、斗马、迎宾敬酒、打油茶、走寨对歌等。[1] 1994 年，林业部批准元宝山为国家级森林公园，次年林业部拨款 200 万元、融水县政府配套 30 万元进行一期工程建设，修通了白竹村至培秀村的林区三级公路，但此时培秀村的其他基础设施仍很落后，尚未纳入国家供电网，依靠微型水电机供电，电力十分不稳定。[2]

2001 年，广西壮族自治区正式启动全区生态博物馆建设的前期工作。在借鉴贵州省生态博物馆建设经验的基础上，2003 年开始筹建三个试点项目——南丹里湖白裤瑶生态博物馆、三江侗族生态博物馆和靖西旧州壮族生态博物馆。2005 年，这三个试点项目竣工后，广西提出打造民族生态博物馆"1 + 10"工程。所谓"1 + 10"指的是广西民族博物馆与 10 个生态博物馆构

---

① 林业部中南调查规划设计院：《元宝山森林公园总体规划》（内部资料），第 3、第 20、第 27 页，1995 年。

② 融水苗族自治县地方志编纂委员会. 融水苗族自治县志 [M]. 北京：生活·读书·新知三联书店，1998.

成民族文化遗产展示与保护的联合体。① 其中，以培秀村、元宝村和小桑村为保护区范围的融水苗族生态博物馆始建于 2005 年，该项目投资 100 万元，包括省文化厅配套建设专项资金 60 万元、市县自筹 40 万元。② 2009 年 11 月，博物馆建成并正式对外开放。博物馆馆址建在小桑村下屯，占地面积 1600 平方米，展示中心建筑为苗族传统木结构吊脚楼，三栋"品"字形楼房，总面积 594 平方米，建有陈列室、办公室、信息资料展示室、对外接待工作室等，展示中心设主题陈列《广西融水苗族民俗文化展》，分为"生产生活、多彩服饰、芦笙坡会、民间工艺、信仰习俗、苗族婚礼"六个不同主题的展区，陈列 250 多件套民俗文物、170 多幅图片。博物馆建成之后带动了小桑村和培秀村的旅游发展，平均每年接待国内外的专家学者、嘉宾和游客达 6000 多人次。③

　　2013 年，总投资 3700 万元的由白竹至培秀的乡村三级路修通，极大地提高了培秀村的外部通达性，前来元宝山旅游的游客大幅增加。加上 2013 年实施的"村级公益事业建设一事一议财政奖补"项目，用于改善村内巷道，一定程度上改善了培秀的村容寨貌，培秀村的旅游进入村民主动参与阶段。由于自驾前来培秀村的游客大部分都要吃农家饭、体验苗族文化、攀登元宝山，以两日游居多，并且有住宿需求，因此部分村民在这一阶段开始改建自家房屋或者新修房屋用于旅游住宿接待，如野人瀑度假村由一位蒙姓村民联合外地朋友投资兴建，建成后拥有 24 间客房和一个餐厅。截至笔者调研之时，全村共有 6 家成规模的农家乐，有 170 ~ 180 个床位。据村委会粗略估计，全村每年接待过夜游客近万人。每逢法定节假日，农家乐的床位供不应求，需要提前预订。

---

　　① 龚世扬. 探索与实践：对广西民族生态博物馆"1 + 10 工程"的回顾、评价和思考 [J]. 广西民族研究，2016（1）：143 – 149.

　　② 龚世扬，蒙秋月. 元宝山西麓的苗族三村：广西融水安太苗族生态博物馆社区调查研究 [M]. 南宁：广西民族出版社，2015.

　　③ 龚世扬，蒙秋月. 元宝山西麓的苗族三村：广西融水安太苗族生态博物馆社区调查研究 [M]. 南宁：广西民族出版社，2015.

二、合作与分歧：FFI 与地方政府的互动

（一）结构嵌入中的 FFI

1. FFI 简介

野生动植物保护国际，曾用名帝国野生动物保护协会（The Society for the Preservation of the Wild Fauna of the Empire），是 1903 年在英国剑桥成立的国际性保护性社会组织，是世界上历史最悠久的国际保护组织之一。其宗旨在于在科学研究的基础上，充分考虑人类的需求，选择可持续性的解决方法保护全球的濒危物种和生态系统。当前服务范围涵盖非洲、美洲、欧洲、亚太等地区的 40 多个国家，在全球拥有超过 140 个保护项目，其中绝大多数在发展中国家。早在 1926 年 FFI 就曾帮助南非建立克鲁格国家公园，随后形成了一系列具有代表性的保护项目，如 1962 年迁地保护阿拉伯长角羚、20 世纪 70 年代在卢旺达的山地大猩猩保护项目、1986 年在土耳其推广可持续性采集和乡间繁育野生植物项目等。FFI 还促成了当今许多国际及本土保护框架的建立，其中包括 WWF（World Wildlife Fund，世界自然基金会）、IUCN（International Union for Conservation of Nature，世界自然保护联盟）、CITES（the Convention of International Trade in Endangered Species of Wild Faund and Flora，濒危野生动植物种国际贸易公约）、IUCN 濒危物种红色名录等保护组织、保护公约及保护工具。

2. FFI 在中国

（1）FFI 中国项目部

FFI 于 1999 年进入中国，2002 年在中国正式建立办公室。由于社会组织的注册手续过于烦琐，2008 年才在南宁市工商局注册"野生动植物保护国际有限责任公司南宁代表处"，公司类型为"外国企业常驻代表机构"，经营范围为"为总公司进行非经营性、非营利性业务联络"。在组织架构上，中国项目办公室下按照不同的服务项目分为濒危树种保护、灵长类保护、草地资源保护、生物多样性监测，以及财务、行政和人事等辅助部门（见图 5-1）。项目地集中于我国西南部生物多样性丰富且脆弱的地区。因 FFI 总部认为中国目前投入动植物保护的资金正逐渐增加，为了将有限的保护经费用于更加迫切需要

的发展中国家，FFI 于 2018 年 1 月退出中国。

中国项目部与英国总部之间的关系是一种相对松散的联系，主要体现在项目申请和资金赞助以及项目评估和考核上。FFI 实行项目申请制，常规情况下中国项目部针对中国实际情况自行设计项目，总部对项目内容并不干涉，中国项目部提交申请报告之后，总部对此加以评估并适当拨款。在常规体系之外，FFI 总部有时会针对全球某种特定的濒危动植物发起保护项目，中国项目部可以根据这一主题提交申请报告，申请保护经费。总部每年会向中国项目部拨付100 万元左右，其中用于濒危植物保护的占 20 万～ 30 万元，这一部分资金除用于元宝山冷杉项目外，还有其他诸如滇东南木兰、高黎贡山大树杜鹃、崖柏和大果青扦等保护项目。在项目考核评估上主要有两种方式：一种是项目报告书的形式，申请到资金之后，中国项目部需按照项目申请书中的设计开展保护活动，之后要填写相应的中期报告和结项报告；还有一种考核就是 FFI 总部会直接派人过来巡查，如 2016 年 7 月总部曾派遣一名项目主管来视察元宝山冷杉保护项目的开展，走访培秀村村委会和部分村民。

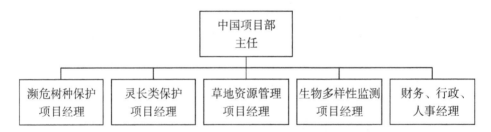

图 5-1　FFI 中国项目部组织架构

（2）"保护中国西南地区两种濒危冷杉"项目

1998 年，FFI 与国际植物园保护协会（Botanic Gardens Conservation International）发起"全球树木保护行动"（Global Trees Campaign），通过多种方式在全球 38 个国家保护了超过 200 个濒危树种。这些方式包括：识别树种保护的优先顺序；直接参与濒危树种的保护项目；向合作者赋权，支持当地的保护组织的技能和知识的发展，提供实践指导和技术支持；鼓励其他组织和团体参与其中；等等。FFI 中国项目部相应地成立濒危树种保护项目，重点关注中国南部的濒危树种，类群包括德保苏铁、红河木莲、青钱柳、越南黄金柏、元宝山冷杉、资源冷杉等 21 类濒危植物。

2012 年，FFI 英国总部发起针对全球冷杉的保护项目，中国项目部以元宝山冷杉和资源冷杉为保护对象，申请了"保护中国西南地区两种濒危冷杉"（conservation of two highly threatened Abies species in southern China）的项目。其中元宝山冷杉仅生长在元宝山自然保护区，被 IUCN 红色名录评估为全球极危物种（critically endangered，CR），是国家 I 级重点保护野生植物，目前仅存种群数量 801 株，且自然更新存在很大问题，在无人为力量干预下种子成活率只有 10%。[①] 元宝山冷杉经过了 200 万年前的第四纪冰期和间冰期才遗存下来，对于研究我国南方古植物区系的发生和演变，以及古气候、古地理，特别是对第四纪冰期气候的探讨具有很大的学术价值，因此具有强烈的保护必要性。具体保护行动由 FFI 中国项目部联合广西植物研究所（以下简称"植物所"）共同执行，后者承担冷杉繁育和保护的科研支撑，2012 年至 2013 年项目执行期间由 FFI 旗舰物种基金（Flagship Species Fund）提供资金支持，2014 年至 2015 年底由 SOS（Save Our Species）基金资助。

（二）FFI 与地方政府的互动

"保护中国西南地区两种濒危冷杉"项目的总目标之一是使元宝山冷杉及其栖息地得到更有效的保护，为了实现这一目标，FFI 中国项目部在元宝山自然保护区的行动经历了从技术保护到社区共管的两个阶段，第一阶段主要与地方政府合作运用技术手段促进冷杉繁育，第二阶段将社区纳入保护行动，探索社区共管的模式。在这一部分，主要探讨第一阶段中 FFI 中国项目部与地方政府互动中呈现的信任关系。

1. 与保护区管理处的合作

FFI 进入元宝山自然保护区开展冷杉保护工作，与保护区管理处有着密切的关系。2010 年，FFI 中国项目部与广西壮族自治区林业厅合作对自然保护区的管理部门进行了濒危植物保护培训需求评估，开始探索一种提高保护区濒危植物保护能力的培训模式——濒危植物保护培训工作站。第一次试点在广西花坪国家级自然保护区举行，培训内容包括野外调查与评估、巡护与检测、回归和种群重建、项目管理、社区参与和可持续利用等，前来参与此次培训的学员

---

① 广西壮族自治区林业勘测设计院：《广西元宝山国家级自然保护区总体规划 2016—2025》（内部资料），2015 年，第 20 页。

涉及 25 个自然保护区。"他们原来是搞那个培训的，我原来参加过他们 FFI 的几次培训，前面几年都有，然后就知道元宝山冷杉了。2012 年的时候他们拟了一个元宝山冷杉的保护项目，我们就同意共同保护元宝山冷杉。他们出技术，我们出人力。"（PX-G02-LDM）正是在这次培训会上，FFI 项目主管与元宝山自然保护区管理处的罗主任结识，为日后 FFI 在元宝山开展工作打下了基础。

因此，2012 年申请 FFI 英国总部冷杉保护项目获批后，在省林业厅备案挂号，拿到省林业厅的批文之后，在省林业厅的介绍下，FFI 中国项目部联系县林业局和保护区的罗主任，从而进入元宝山。"2012 年，FFI 英国总部想要做一个关于冷杉的保护项目，我们中国项目部申请了元宝山冷杉和资源冷杉这两个针叶树种。于是在省林业厅和县林业局的支持下，我们直接跟保护区联系后就过来了。……我们的相关负责人跟林业厅不仅在工作上的关系特别好，私人关系也不错。这个项目本身就是省林业厅的一个示范项目，除了冷杉这个项目外，我们还在黑叶猴保护上也跟林业厅有合作。"（PX-N01-GYJ）由此可见，作为具有外国背景的社会组织，FFI 嵌入地方需要获得身份合法性，是确保后续工作顺利开展的前提。按照学者对合法性所做的类型划分，可以看到本案例中 FFI 获得合法性的逻辑秩序：获得上一级政府的批准，是境外在华社会组织嵌入地方的前提；然后按照规定的程序和惯例，通过机构文书、机构符号（如名称、标志）和仪式（如授予的锦旗）等方式①，再从项目实施地政府那里获得项目执行的权力。

FFI 介入元宝山冷杉保护，联合保护区对元宝山冷杉的现状进行了调查和评估，设立了天然更新监测样地，尝试了生态环境管理，同时加强更加规范的巡护，禁止对元宝山冷杉及其生态环境的破坏行为，并且有计划地开展繁育和苗圃建设。具体内容涉及三个方面：元宝山冷杉的天然更新监测、元宝山冷杉的繁育和元宝山冷杉的回归及监测。

在天然更新动态监测方面，元宝山冷杉在原生境保持有自我补员更新能力，林下有一定数量的幼苗幼树生长。FFI 项目主管与植物所和保护区工作人员在 2012 年 10 月开始，对元宝山冷杉幼苗生长动态进行定期监测，监测频率为一年两次，地点在冷杉坪固定样地面积 600 平方米内。在三方的合作下，从 2012 年至 2016 年 5 年 11 次的调查中他们发现，冷杉幼苗从 40 株上升到 138

---

① 高丙中. 社会团体的合法性问题 [J]. 中国社会科学, 2000 (2): 100-109.

株，其间经历 2 次自然补员，但是在天然状态下冷杉样地——冷杉坪的幼苗生长极其缓慢，3 年时间内龄幼苗平均高度只有 13 厘米，而苗圃平均高度可达到 25 厘米。[①]

因此，除监测冷杉的天然更新情况之外，FFI 与保护区还共同建立了冷杉人工繁育基地。首先由 FFI 和植物所工作人员对保护区管理处的职工、巡护员等开展冷杉繁育的技能培训，提高了保护区工作人员的基础知识和技能，并且在育苗过程中提供详细的实践指导（见图 5−2）。然后对苗圃进行了正规化建设和精细化管理，四周铁栅栏防护，架设荫棚，喷雾灌溉，请专人进行管护苗圃，及时除草灌溉。最终，元宝山冷杉幼株的成活率极大提高，达到 90%，与以往成活率约 30% 相比，幼苗成活率取得了质的飞跃。截至 2016 年初，元宝山自然保护区建成占地约两亩的苗圃，在 FFI 和植物所的协助下，成功繁育幼苗约 50000 株。

图 5−2　FFI 和广西植物研究所在元宝山保护区开展技能培训

冷杉繁育成功之后，FFI 与植物所和保护区尝试让人工繁育的幼株回归自然。2016 年 6 月，三方首次人工回归 4 年苗龄的幼苗 100 株，结合元宝山冷杉分布区域，回归地点选择在保护区缓冲区海拔 1500 米绣花台和牛劈石两处，并在将来计划逐步降低海拔。为提高存活率，FFI 对保护区工作人员进行管护

---

① 资料来源：野生动植物保护国际，《2016 年广西两种极度濒危冷杉综合保护示范项目进展简报》（内部资料），2016 年，第 3 页。

能力培训，由保护区工作人员对回归幼苗进行每周一次的浇水、除草等管护。回归的 100 株幼苗全部存活，长势良好，有少数 3 株幼苗出现叶片发黄的迹象。

　　FFI 的到来为保护区管理处提供了资金和技术支持，提高了冷杉保护的力度和效果，管理处的罗主任对此表示认可："对于保护区的工作确实起到了很大的推动作用，他们不来，我们确实也做不到这个程度。……他们现在来了，帮助我们搞冷杉繁育培植，这就是进一步了嘛。以前的保护区哪里会搞这种，就是天天看着这片山不准它被人砍、不被破坏就行了。"但是，与此同时，罗主任也表示 FFI 的要求不符合管理处的实际情况，有时候要求过高，例如 FFI 要求管理处每个月填写样地监测、回归监测的监测表，统计进入核心区的游客数量和村民数量、评估宣传牌与警戒牌设立之后对游客产生的影响程度、询问并记录游客看到标识牌之后进入保护区登山原因等，管理处则认为受制于人手不足，加之工作人员普遍年龄较大，FFI 的要求超出了他们的能力范围，因此并不能实现。这一点双方存在一定的分歧，"他们的要求太高，我们保护区没有办法跟上他们的步骤。……我们哪有时间做这些，哪个有空搞这些？"（PX-G02-LDM）

　　尽管样地监测、回归监测的数据跟踪对元宝山冷杉的保护非常重要，但囿于管理处人力资源并不能实现；此外，管理处认为自己的职能集中在巡山护林方面，至于统计游客量和村民进山数量的工作尽管与元宝山冷杉保护存在一定的关联，但已然超过了管理处的职责范围，也无法完成。因而认为 FFI 的要求过高，脱离了地方实际。合作细节上的争议，以及其他问题上的分歧使得 FFI 与保护区管理处的友好合作在 2017 年被打破，FFI 未能与地方政府建立持久的良好合作关系，面对县林业局和保护区管理处的行为，FFI 曾试图迎合地方政府的要求，寻求非正式的渠道运作，利用非正式关系网络组织活动，却依旧没有解决信任消解带来的危机问题。

2. "重开发还是重保护"争论中的发声

　　FFI 在嵌入地方过程中，除了与县林业局、保护区管理处存在合作关系外，也试图在元宝山保护与开发的争论中发挥些许作用。在广西林业勘测设计院编制的《广西元宝山国家级自然保护区总体规划》中，建议以培秀村作为旅游接待点开展生态旅游，遥望核心区内的景观但不进入核心区："以保护区西北部白坪区域和南部区域的实验区作为生态旅游区。白坪区域的旅游以培秀苗寨和访客中心为起点，通过白坪管理站进入保护区，然后以宣教工程建设的自然教育径为游览路线，主要欣赏森林景观、怪石奇岩，遥望蓝坪峰和峡谷飞瀑等。南部区域的旅游以雨卜苗寨为起点，进入保护区内以森林体验为主，可进行徒步、穿越、露营等活动。生态旅游建设须严格遵守'保护第一'的原则，所有旅游设施应与自然景观，不宜过度开发，避免对保护区主要保护对象和生态环境造成破坏。"①

　　重保护还是重开发，是摆在所有利益相关者面前的一道选择题。正如上一任村主任PX-R15-LP所言："你不开发的话，本地方没有发展，人民群众的生活水平提不上来。开发会带来一定的破坏性，但被破坏以后怎么恢复生态？"FFI中国项目部也试图让地方政府意识到保护环境的重要性，采取的措施主要总结为两点：第一，以工作汇报的形式向业务主管单位广西壮族自治区林业厅传达元宝山自然保护区的开发情况，再通过政府系统内部进行沟通，"广西林业厅保护处的处长跟融水县的县长私下聊了很久，可不可以围绕着元宝山不开发，或者是开发成更为生态的那种旅游"（PX-N01-GYJ）。第二，向环元宝山生态旅游规划设计单位——广西林业勘测设计院建言献策，建议在规划设计中注重环境保护，发展生态旅游的同时促进社区参与，采纳并推广社区共管制度。

　　Finnety通过研究总结出NGO在旅游中扮演着保护区的管理者、旅游宣传员、公众教育者和政府游说者四种角色，指出NGO会针对政府的不当行为展开游说而影响旅游的发展。② FFI的行为似乎为Finnety的发现提供了来自非西方语境的案例佐证，然而需要指出的是，NGO实际上起到的作用是非常有限的。

　　受到社会组织地位的影响，在实际操作中，并未出现西方公民社会理论视角中的斗争或者对抗关系③，而是主动将自己纳入国家权力体系当中，通过政府内部行政化运作间接提出利益表达，与政府更多地呈现出一种合作关系，而不是形成压力群体。

　　① 资料来源：广西壮族自治区林业勘测设计院，《广西元宝山国家级自然保护区总体规划2016—2025》（内部资料），2015年，第140页。

　　② FINNETY S. Analyzing the roles of local non-governmental organizations（NGOs）in sustainable tourism：a case study of Belize, Central America［D］. Wilfrid Laurier University, 2001.

　　③ SIMPSON M C. Community benefit tourism initiatives：a conceptual oxymoron？［J］. Tourism Management, 2008, 29（1）：1-18.

三、信任与疏离：FFI 与社区的互动

FFI 对元宝山冷杉生存的威胁因素加以分析之后，认为部分威胁和破坏来自村民与游客，于是在与广西植物研究所合作从技术方面对冷杉进行保护之外，FFI 逐渐意识到将社区纳入保护行动主体的必要性，成立了社区共管委员会。在对第一阶段与地方政府互动过程梳理的基础上，这一部分着力于第二阶段 FFI 开创的社区共管模式，探究 FFI 与社区合作时双方的信任状况。

（一）合作：资源嵌入下的理性选择

根据 FFI 刊发的《濒危植物保护网络简报》中的总结，栖息地丧失、林下更新受限及人为干扰是导致元宝山冷杉种群面临灭绝危险的主要因素。具体来说，自然灾害使元宝山冷杉附近的阔叶树侧枝折断掉落，导致冷杉种子被拦截无法萌发；自身分布面积极为狭窄，总面积不超过 20 万平方米，且林下箭竹密集区域更新困难，幼苗难以存活；村民对保护区及周边的自然资源的利用、在保护区内的越界放牧；游客也对植被有一定的破坏。[①] 栖息地丧失和林下更新受限的问题主要通过建设人工苗圃、样地监测和回归监测等技术手段加以避免，而人为干扰的问题则主要通过搭建保护区与社区合作保护的平台得到解决。

1. 了解社区：KAP 调查

为了更好地了解元宝山冷杉及其生境所面临的威胁程度，以及保护区周边社区对自然资源的需求和利用方式、对冷杉和其他自然资源的了解程度、保护意识等，FFI 支持保护区工作人员对保护区周边社区开展社区调查，并召开社区代表大会以了解情况。基于调查结果，制定和实施进一步的宣传与保护措施，从而进一步与每个社区达成一致认可的自然资源保护和利用社区共管协议，并鼓励社区参与保护区的巡护监测与管理。

于是，FFI 在 2014 年 7 月针对保护区周边的社区进行了 K（Knowledge，知识）、A（Attitude，态度）、P（Practice，行为）问卷调查，知识方面主要了解社区居民对保护区区划、保护物种、可利用资源、保护区的相关法律和规

---

① 资料来源：FFI 中国，《濒危植物保护网络简报》（内部资料），2013 年第 1 期，第 20 页。

定的知晓程度，以及传统地方性知识中与自然保护相关的认知和约定等；态度方面主要了解社区对资源保护的意识和看法；行为方面主要了解社区是否参与保护区的保护活动，对自然资源的利用方式和程度等方面。2015 年 11 月，FFI 又进行了回访调查。

> 我们原来的计划是规模更大一点，不要局限在一个村子里，当时我们最开始是想做小桑村、元宝村等一个片区。前期的 KAP 调查之后，发现如果做片区式的还挺难的，所以最后筛选下来就剩培秀。（PX-N01-GYJ）

2．实施"共管协议"

确定将培秀村纳入共管计划后，2014 年底，FFI 推动保护区与培秀村村委会成员共同组建了 15 名成员构成的"社区共管委员会"（以下简称"共管会"），其中，由培秀村村支书担任共管会的主任，保护区管理处罗主任、培秀村主任和副主任担任共管会的副主任，7 位村民代表、3 位管理处工作人员代表、1 位 FFI 成员代表组成共管会的普通成员。项目主管 PX-N01-GYJ 进一步解释了设置共管会的原因："设置社区共管是因为村委会经常变动，成立村级与保护区级的常态沟通机制，可以降低双方变动带来的麻烦。社区共管的资源是整个社区的资源，所以想每个人都公平地参与。所以也会吸纳一些村民进来，建立一个共同参与共同管理的合作平台。"可见，FFI 的初衷是通过共管会形成一种常态沟通机制，然而共管会的主要成员是由村委会干部兼任，本身并不可能跳出村委会变动带来的麻烦，仍然是一种依托村庄政治精英的权力和关系网络进入社区的方式。

培秀村村委会与保护区管理处、FFI 三方共同签署了元宝山共管协议书（见附录三），协议中明确三方在合作中的角色和作用，规定培秀村为社区共管各项活动的实施主体和具体的执行方，元宝山保护区为社区共管活动的资助方与实施方，FFI 为社区共管活动的资助方、技术支持方与协调者。在具体的执行方式上，与中国扶贫基金会在方村不同的是，FFI 并没有派遣项目主管长期驻扎在培秀村，而是如协议中的规定所示，项目主管每 2 ～ 3 个月进村一次，召开社区共管委员会会议，了解情况。协议签署后，FFI 主要从冷杉保护和生计帮扶两个方面推动保护区与社区之间的合作。

（1）元宝山冷杉保护

保护区管理处下聘用部分元宝山周边的社区居民为护林员，每月工资为700元。培秀村有6名护林员，每3人一组，分成两组，每组轮流去白坪管理站值班一周，主要任务是巡视保护区实验区、缓冲区和核心区在内的所有区域，了解元宝山冷杉、大型红豆杉等珍稀植物的生长状况，防止盗伐等破坏活动的发生。

共管会成立之后，经FFI提议设立了社区内部的巡护队，巡察生活区范围内的动植物状况，初衷也是为了维护生活区的生态环境。巡护工作的频率维持在一个月一次，巡护队成员早晨7～8点出发，晚上6～7点返回。按照既定的巡护路线巡护，巡护范围包括：社区周边的公益林、社区与元宝山保护区的边界，以及保护区的实验区和缓冲区。由保护区提供相机、GPS轨迹记录仪等巡护设备。巡护过程中巡护队员曾发现盗伐红豆杉的现象，并把这些情况通知和汇报给保护区管理处，他们反映，这类现象虽然汇报到了上级，但没有得到完全的制止，盗伐行为仍然时有发生。在巡护过程中，各巡护小队均有填写巡护监测表，由队长统一管理。

巡护员之一PX-R09-MYZ描述了当时的情境："我们也拿不到什么东西，就是爱好，走生活区的这个范围。2015年的时候搞了一年，每个月我们要汇报一次或者两次，就是你走一天发现什么动物，比如说蛇呀什么的，我们都可以拍照，可以写一下，还有什么树种比较稀有一点，都可以汇报。破坏也会汇报，主要是讲这个，比如说发现群众在哪里砍树，我们都汇报给他们。"可见，巡护队的功能主要集中在防止村民破坏生活区的树木（"主要是讲这个"）。这个目的是契合社区利益的，因此FFI进入社区时赢得了社区的理解和支持，短时期内即使没有报酬（"拿不到什么东西"），也有村民因为其他原因（"爱好"）而参与其中，响应FFI的号召。村委会也呈现支持态度，上一届的村主任PX-R15-LP说："虽然（FFI）是一个社会团体，只要你来保护，你就可以进来，这没有什么的，没有破坏性就行。只要你们的目的跟我们这个地方大体上相符，我们基本上都不会反对。"与FFI等外来组织相比，社区处于资源劣势地位，因此对FFI的到来是欢迎的，对其行为是支持的。

除设立社区巡护队以外，FFI还通过向村民分发海报、年历、宣传册，在村内主干道架设冷杉保护宣传牌等方式宣传元宝山冷杉保护的思想（见图5-3）。项目主管还曾在2015年9月联系培秀村小学，为村内的小学生讲授植物辨识与保护的知识。经过一系列的行为，保护区管理处的罗主任认为起到了一定的效果，但仅局限于"不去破坏"，主动保护的目标远未实现，"把元宝山冷杉的重要性铺开了，宣传开了，起一定的效果。这个社区你也知道，村民的这个文化意识跟不上，他还会去做他的事，他是知道元宝山冷杉了，但是你要说形成参与保护的话，可能还没到那个程度"（PX - G02 - LDM）。

图 5 -3　FFI 宣传元宝山冷杉保护

（2）生计帮扶

以生态旅游开发的方式提供生计帮扶是 FFI 后期的工作重点，这一点是社区向 FFI 提出的诉求，"最先考虑的是将社区纳入进来，推动保护区与社区共同管理自然资源。这一块也是一个尝试与创新，以前的项目都是从技术上指导和帮助的。在与社区接触的过程中，发现旅游是冷杉的一个很大的威胁，社区提出了希望他们帮助转变生计方式的要求，发展旅游"（PX-N01-GYJ）。在具体的帮扶方式上主要有三点：一是对村民进行生态旅游的培训，包括外出考察和专家进村指导；二是推行绿色客栈；三是实施生态导览。

首先，在培训方面，邀请贵州财经大学的教授不定期地举办生态旅游培训（见图 5 - 4），内容涉及餐饮、服务、环保等各个方面，对象面向全体村民，主要是开办农家乐的村民。问及村民听完培训之后的感受时，一位村民 PX-R09-MYZ 说道："他们来上这一些课的话，对我们来说也是有一定意义的。但是，按照他那个标准的话，比如建农家乐要做好排污设施，铺一些什么样的排污管，可是农村不像大城市有那种排污大管，一是村民没有钱搞这么高级的，二是就算自己搞了，但整个村没有这个基础设施，（污水）排到哪里去？"在村民看来，培训起到的作用是有限的，跟他们的实际需求相比，培训内容甚至是有些脱离实际的，可行性并不高。

图5-4　元宝山社区共管及生态旅游培训

项目主管还曾带领村委会成员和村民代表外出考察过两次。一次是2016年去成都市温江区，参观农家乐和可口可乐公司的污水处理厂，考察了利用人工湿地的进行污水处理的方式。此次考察返回培秀村之后，FFI协助村委会修建了一个污水处理生态池，试图通过填埋鹅卵石、石灰石作为基质，吸附沉降污染物，再种植菖蒲、美人蕉等水生植物去除污水中的有机污染物，最终达到净化污水的作用。但建成之后没多久，村委会换届，生态池也没有被有效利用。第二次是2017年4月去了融安县，因为经费有限，这个地点比较近，也是主要学习别人的农家乐和生态旅游是如何开展的。

其次，在绿色客栈方面，2016年7月在培秀村村支书的推荐下，选定了三户农家乐打造绿色客栈。FFI的目的在于通过树立绿色客栈的典范，在村里逐步形成一个设施标准，为以后制定旅游设施标准作准备。共管委员会对示范户进行专家指导，提供绿色基金和宣传推广，而示范户积极配合，宣传保护。拟定的绿色示范基金由FFI项目提供7500元，村民配套7500元，共计15000元，主要用于供示范户经营能力的培训，提高客栈接待水平。但后来由于人员变动和经费减少，也就没有得到顺利的进展。

最后，在生态导览方面，为引导游客发现当地的自然与文化之美，并且宣传爱护自然，FFI牵头联合保护区管理处编写了培秀村苗乡风情和元宝山自然导览折页。培秀村苗乡折页内容主要介绍苗族当地风俗人情和自然风光。元宝山折页主要介绍元宝山冷杉为代表的珍稀动植物的重要性，并提出一条位于保护区实验区的旅游路线。在2016年"十一黄金周"期间，当地农家乐向游客发放了 2000 份折页。当时部分游客提出希望村里有导游带领，游览手册中的景点，于是 FFI 萌发了培训村民作为生态导游的想法。2018 年 4 月，FFI 联合保护区管理处对 30 多名村民展开了生态旅游的导赏员培训。经过一天的理论培训和实践，最终形成了一支 6 名村民组成的导游队伍，最终敲定了导赏路线和导赏词。

统观 FFI 在培秀村的所有行为，村委会还是比较认可其理念，但是在具体的实施和执行上存在不足，上一任村支书 PX-R07-HJS 说："我们是旅游村嘛，他们的目的是保护冷杉、保护珍贵的野生动植物，对于我们村今后的旅游发展都会起到很大的作用啊，所以我还蛮希望这个组织在村子继续发展下去的，他们的想法和思路是对的。但是，就是资金、报酬方面，如果叫人家做事都没有钱，现在这个年代，人家也没有义务去做，所以村民就很难召集起来。"

培秀村配合支持 FFI 在社区中的冷杉保护行动，是 FFI 引入外部资源（在这里主要是指发展理念）前提下的一种利益契合①，是社区理性选择的直接体现（"对我们村今后的旅游发展都会起到很大的作用"）。这种理性与"代价最小化"或者"利益最大化"的经济理性无涉，而是一种寻求满意和满足的社会理性。所以在 FFI 介入的初期，社区呈现出一种信任并合作的态度，但当FFI 的行动不能进一步满足社区需求时，社区便会理性起来。

（二）疏离：网络嵌入下的信任危机

1. 能力型信任危机

在合作过程中社区逐渐疏离 FFI，社区共管推行的诸如巡护等活动因村民的退出不再继续。社区巡护队最初成立之时有 9 人，分为 3 组，每月轮流巡逻一次。但因为没有工资补贴，巡视的人数和频率逐渐减少。"共管会没有经费，巡护队我们是成立了，但是，后面经费没有落实，所以有些人就不想做，叫他去巡护他也不去。FFI 他们这边也没有资金，后面那个林管所（指保护区管理处）答应给那个巡护员一天支付一些工资报酬的，但也不算多，就是一边义务一边鼓励一下子这样，后面也没有落实这个工资报酬。还有社区共管委员这边也没有什么工资报酬的，所以我们村里的人也不愿意。"（PX-R07-HJS）

---

① 江华，张建民，周莹. 利益契合：转型期中国国家与社会关系的一个分析框架——以行业组织政策参与为案例 [J]. 社会学研究，2011（3）：136－152.

承诺的资金最后却不兑现，如同绿色客栈资助金额从 7500 元改为 2500 元，最终蚕食了社区对 FFI 的信任，就像前任村主任 PX-R15-LP 所言："我觉得你说多了反而有的群众就觉得只说不动，久而久之他就反感。"村民 PX-R14-MMQ 的退出很好地佐证了这一点，他原本是共管会的成员之一，当初村干部推荐他加入，他也同意了。刚开始参加共管会的会议时，他还积极发言，提出一些关于村庄发展的建议，如选几个农家乐带头发展、将元宝山上老化的杜鹃花纳入保护范围等，但都没有得到落实。"感兴趣是挺感兴趣的，但是，我们提出来的一些意见，好像也没有什么效果。"他认为社区共管对村庄其实没有什么实际的帮助，所以觉得没有意义，后来再喊他去开会，他也不去了。恰恰不同的是，这一点是中国扶贫基金会在方村规避的地方，中国扶贫基金会的项目主管告诉笔者："我们自己不能给村里承诺一些项目啊什么的，最终项目搞不成，我们基金会会在村里的信任度就会降低。"（FP-N01-CMM）这表明作为一个比较偏技术的、专业的环保类社会组织，"推动社区和保护区一起进行自然资源的管理，对于我们来说其实也是一个尝试"（PX-N01-GYJ），FFI 在社区项目执行中与人打交道方面的经验是不足的，甚至可以说是空白的，最终引起社区对 FFI 能力的怀疑，形成 FFI 能力信任的第一重危机。

　　在旅游培训上，尽管前任村支书比较认可，然而，在项目主管看来，培训的效果并不是很好，FFI 和社区自身都不是很清楚村民到底需要什么，村民们只是表达了自己想要发展旅游的愿望，但是他们对于发展方向是模糊的。而 FFI 想做的只是引导他们去形成生态旅游的理念，发展生态旅游，结果上并没有和村民们达成共识。"我们也在总结这一次的经验，确实在旅游方面我们毕竟是不专业的。我觉得整个在旅游这一块，无论我们有没有能力做推动，你作为一个 NGO，你所产生的作用其实是很小的。其实我们是想借着生态的理念，让他们知道有这种理念，然后能够尝试一下。我们能在他们的村子里溅起一朵浪花，我觉得这是我们 NGO 能够达到的作用。如果你说你要领导这个村子做生态旅游，我觉得这个难度很大。"（PX-N01-GYJ）项目主管的话表明，与动植物保护相比，FFI 在旅游发展方面是经验不足的（"不专业的"），所以在推动培秀村生态旅游发展的过程中，并不清楚如何做才是更加专业的表现，最终导致项目实施效果不尽如人意，这构成了 FFI 能力信任的第二重危机。

2. 项目运作的局限

　　笔者在调研中问及普通村民是否知道 FFI 时，很多人表示没有听过，少部分人知道社区共管委员会的名字，是因为村委会门口挂着一块共管会的牌子，但并不了解共管会的具体职能和作用。有村民甚至表示"没听过，感觉全村找不出几个知道他们的"。所以，村委会仍然是社区的网络核心，FFI 的介入以及共管会的成立并没有改变社区网络关系。

对此，项目主管 PX-N01-GYJ 承认："我们其实跟村民的接触实际上不多，因为当时确实是把保护区推在了前面，我们有一个很大的考虑是之后你肯定要退出。"FFI 意识到自己作为外来组织终将退出，因此推动保护区与社区之间建立长效沟通机制是必要的，可以以共管会的形式促进双方的合作与交流。"其实我们自己也在总结，我也在想我们跟其他项目的差别在哪，我觉得村子是一个有机体，我虽然在努力地做一些尝试，但是我还没有进入到这个有机体的中间，不了解这个村子是怎么运转的，不了解这个村子的历史文化，其实是没有很了解我觉得，如果真的要做社区类的项目，没有一两年蹲到这个村子里是很难成功的。"所以，FFI 在项目执行上不驻村，很难真正了解地方，也难以发挥共管会在元宝山冷杉保护和社区生态旅游中的作用。正如卢曼所言，"只有在熟悉的世界信任才是可能的，它需要历史作为可靠的背景。没有这种必不可少的基础，没有所有的先前的经验，我们不可能付出信任"①。FFI 不了解社区，社区也不熟悉 FFI，信任关系自然无法建立。而社区自身是一个"有机体"，在关系本位的社会语境中，熟人社会的信任是依据关系的亲疏远近划分的，熟人关系的信任感最强。② 就像 Nault 和 Stapleton 的研究发现证实的那样，当社会组织和其他利益相关者进入偏远社区时，最重要的是赢得社区成员的信任，并且这种信任只能随着时间的推移而得到保证，因为偏远社区本身已经建立了成员内部之间相互依赖的机制，而不是像城市世界凭借合同这样的正式手段建立信任。③

① 卢曼·尼可拉斯. 信任：一个社会复杂性的简化机制［M］. 翟铁鹏，李强，译. 上海：上海人民出版社，2005.

② 李智超，罗家德. 中国人的社会行为与关系网络特质：一个社会网的观点［J］. 社会科学战线，2012（1）：159－164.

③ NAULT S, STAPLETON P. The community participation process in ecotourism development: a case study of the community of Sogoog, Bayan-Ulgii, Mongolia［J］. Journal of Sustainable Tourism, 2011, 19（6）：695－712.

（三）矛盾：制度嵌入下的认同分歧

FFI 的全球准则与地方实践之间存在矛盾。在社会组织看来，元宝山和元宝山冷杉最重要的价值在于对研究第四纪冰期气候具有极其重要的科学价值。所以，FFI 将社区纳入元宝山冷杉保护行动的目的是试图使社区接受这样的观念，通过正式制度的约束来实现这一点。在《元宝山保护区森林自然资源共管计划》（附录三）中规定培秀村职责：遵守元宝山自然保护区管理处相关规定，不进入保护区核心区（绝对保护区）开展自然资源的采集等人为活动。并且试图将保护森林资源、保护林下产品、可持续利用自然资源等内容纳入培秀村村规民约中，进一步规范培秀村全体村民行为，然而并未实现，"我们一直想推动社区不让他们进保护区的核心区，就是在原来的村规民约中加上这一条，但是这个共识很难达到"（PX-N01-GYJ）。新修订的村规民约并未采纳这一点。

于村民而言，靠山吃山，元宝山呈现的是具有经济利用价值，而非 FFI 认知中的科学价值。尽管培秀村自古就有崇拜古树的封树习俗，延续至今，通过村规民约惩罚偷盗树木者，规定"（偷杉木）14 厘米以上罚款 200 元以上，同时杀其家 1 头 100 斤以上的猪，松杂木罚 100 元，并责令其退还所偷的树木"。但这种保护仅限于不砍伐古树，并不包括生态环境保护。相反，进山捕鸟食鸟是村民常见的饮食习惯，并在游客到来之后捕鸟风气曾经一度更甚。由酸鱼、酸肉、酸鸭、酸鸟组成的"四酸"是村里的传统特色菜肴，有游客前来点餐时，农家乐的老板会向其推荐酸鸟这种野味。这些鸟类都是老板从附近村民手中收购过来的，是村民夜晚上山抓捕而来。近两年，随着贩卖野生动物管控越来越严格，农家乐售鸟的现象逐渐减少。

捕鸟只是村民利用元宝山的众多方式之一，带游客爬山登顶，进入核心区观看元宝山冷杉也是很多村民的一种生计来源。培秀至白坪管理站的公路修建之前，只有村里人知晓的土路可以登上元宝山顶峰，因此游客要想爬山观景，一般都会找当地村民带路，每次收费 100 元。带游客上山的不只有普通村民，还有保护区管理处的护林员。相比普通村民，他们更熟悉元宝山，护林员 PX-R11-HGW 表示："给我们的那个钱（指保护区管理处发的工资）太少了，如果有人请我们，也会带他们上去。"

FFI 与社区之间在"保护还是开发"问题上存有分歧。FFI 在项目执行过程中投入培秀村的资金很少，只有 2 万～3 万元。这是由 FFI 的项目目标决定的，自始至终 FFI 都将生态环境的保护放在首位，发展生态旅游也只是为了回应社区的诉求，最终的目的是传递生态保护的理念，如项目主管 PX-N01-GYJ 所言："可以说我们投入的资金很少，我们从来都没有说要拿钱去资助他们干什么，我们只会说我们拿一部分钱，我们自己做一些宣传材料，发给他们。"显然易见的是，社区不会满足于只接受生态保护理念，而是希望外来组织有进一步的开发动作，这就导致了 FFI 与社区之间的分歧，前任村支书说："理念上存在一定的摩擦，因为他们重保护，村子肯定就是想要发展嘛。保护山、水、树，保护生态环境，保护珍贵的野生动植物，他们的这个想法和理念可能是不错的，但是，具体怎么实施？我觉得他们的想法很对、很有意义，但是，这个组织好像没有什么力度，力度大的还是政府这方面，要是政府这方面能有更大的支持就好了。"所以，社区认识到 FFI 的局限之后，便转而寻求地方政府的支持。"项目目前面临的最大困难是推不动，从去年到今年村里对 NGO 的介入没有前几年那么上心了，在沟通理念的时候没有达到一定的效果，因为政府给村里关于旅游基建、旅游扶贫的工作很多，FFI 和村里的配合度没有那么高了。好几次我们说要过来，村里都是比较忙，就（往后推迟）"（PX-N01-GYJ）。因此，当对社会组织失去信任时，社区会采取疏离的策略，以各种理由（工作很多、忙）减少与 FFI 的接触。

Duffy 和 Moore 对泰国使用大象进行徒步旅行的现象进行研究时指出，面对全球监管和动物工作条件标准化与当地实践之间存在潜在的冲突，需要考虑全球规则形式"一刀切"的有效性，强调承认国家内部以及国家之间的差异，提出基于特殊情境和当地接受的规则。[①] FFI 在培秀村的情况类似，对于当地居民来说，元宝山具有经济价值；对于社会组织来说，元宝山具有生态科学价值，两种观念存在着巨大偏差，导致双方在保护还是利用的认知上存在分歧。社区不赞同 FFI 对于禁止村民和游客进入核心区的意图，这决定了将禁止进入核心区写入村规民约失败的必然性，认同型信任的缺失使得 FFI 正式制度嵌入的落空。

① DUFFY R, MOORE L. Global regulations and local practices: the politics and governance of animal welfare in elephant tourism [J]. Journal of Sustainable Tourism, 2011, 19 (4−5): 589−604.

四、本章小结

FFI 的嵌入成为社区的一种桥接型社会资本，在培秀村生态旅游发展过程中扮演着桥梁的角色，它能帮助地方引入诸如资金和技术支持等外部资源，向社区输入了生态保护和可持续发展的理念。获得身份的合法性是境外在华社会组织实现自上而下地方嵌入的前提。在嵌入社区的方式上，与方村一样，都选择了依托村庄政治精英的权力和关系网络，项目主管不驻村，FFI 与社区居民之间互动较少，导致嵌入程度不深，对社区内部关系影响不大。

从项目的实施过程来看，FFI 的嵌入为地方提供了冷杉保护和生态旅游发展的技术资源，由于利益契合，地方政府和社区在理性选择之下与 FFI 形成了建立了信任的合作关系。但随着项目的持续推进，FFI 在嵌入过程中遭遇三重信任危机，导致自上而下与自下而上的双重脱嵌。首先是身份信任危机。作为外来社会组织，FFI 嵌入地方的活动受合作理念与执行细节的影响而未能持续下去。这是与中国扶贫基金会这种自上而下嵌入的社会组织相比，其独特性所在。其次是能力信任危机。从社会组织的业务类型上来讲，FFI 作为侧重生态环境保护的 NGO，既缺乏旅游领域的专业性，也没有与社区交往的经验可循，加之投入生态旅游的资金过少，引发了社区对其能力的质疑。最后是认同信任危机。FFI 重视元宝山的科学价值，而社区将元宝山视为具有经济价值空间，两者认知的偏差导致双方互不认同彼此的动机和意图。

当信任消解时，地方政府进行了合作收缩与管控，FFI 的应对策略是"非正式政治"，即利用国家权威及其符号弥补自身合法性不足，通过非制度化的人际关系运作解决困境。而社区失去对 FFI 的信任之后，采取了回避和疏离的策略，不再配合 FFI 在社区的工作。

第六章　协作者中心嵌入中的信任与矛盾

前两章通过两个案例分别呈现了自上而下的社会组织和合作型社会组织的地方嵌入过程，可以发现，自上而下的社会组织脱胎于政府，这种身份使其在与地方主体的交互过程中存在着依附性困境；合作型社会组织也因其结构嵌入面临着合法性困境，二者均脱嵌于社区。与两者不同的是，自下而上运作的社会组织往往采取不同的行动策略。本章将通过一个与社区居民之间成功建立信任关系的社会组织——信阳乡村建设协作者中心，考察地方土生土长的社会组织的嵌入过程，回答自下而上运作的社会组织如何与地方政府和社区交往互动，以及嵌入乡村过程中的信任关系是如何建立的，与前两个社会组织相比其特殊性在哪里等问题。

一、社会组织的嵌入背景

（一）村情概要

郝堂村，位于河南省信阳市平桥区五里店街道办事处东南部，西边紧邻浉河区，南边与罗山县接壤，距离市中心城区约17千米。全村下辖18个村民小组，640户，总人口2385人，常住人口1900人，均为汉族。[①]

全村山林面积20360亩，耕地面积3524亩，其中水田2972亩、旱地552亩。农作物以水稻、玉米、花生为主，经济作物以茶叶、板栗为主，其中茶叶1.1万亩、板栗1万亩（套种）。旅游发展之前，村庄比较贫困，村民收入来源以外出务工为主，以东部沿海城市居多，从事建筑、餐饮等行业。2009年郝堂村民人均年收入约4000元，低于全国平均水平的20%。前任村主任HT-R11-HJ在"郝堂·乡村复兴讲坛"上介绍郝堂村的建设经验时说道："建设

---

① 数据来源：郝堂村村委会，2018 – 05 – 22。

之前的郝堂是个啥样？垃圾满天飞、污水横流！除了留守老人，孩子都很少。这个村庄非常穷，穷到老无所养、老无所依。"

旅游开发之后，当地的经济水平得到了很大的提高。2013 年全村生产总值 2000 万元，人均收入 8300 元，与 2009 年相比翻了一番。2014 年粮食作物面积 4050 亩，粮食总产 2322 吨，村集体收入 20 万元，村固定资产达到 2000 万元。① 2017 年全村人均年纯收入达 1.3 万元，与全国平均水平持平。② 郝堂村的乡村旅游发展取得多个殊荣：2013 年被住建部授予批"美丽宜居村庄示范"；同年，农业部授予"美丽乡村创建试点乡村"称号；次年，农业部授予"中国最美休闲乡村——特色民俗村"奖牌；2015 年被国家旅游局评为"中国乡村旅游模范村"；同年被住建部授予"2015 年中国人居环境奖"；同年 12 月，《人民日报》以《郝堂，留住乡愁》为题，整版介绍郝堂村美丽乡村建设的历程和经验，称赞"前三十年看小岗，后三十年看郝堂"③。

（二）旅游发展历程

1. 旅游前阶段：内置金融实验（2009—2010 年）

郝堂村旅游发展取得的成就颇丰，然而实际上，其旅游发展历程并不长，最早可以追溯到 2009 年李昌平在郝堂成立的"夕阳红"养老资金互助合作社（以下简称"互助社"）。李昌平是我国著名的"三农问题"专家，曾在政府部门任职，先后就职于中国改革杂志社、香港乐施会等。2011 年创立中国乡建院，担任院长至今。中国乡建院是 2013 年 6 月在香港注册成立的私人股份有限公司，全名称为"中国乡建院有限公司"（英文名称：CNRPD Limited），主要开展乡村规划与设计、内置金融与社区发展、环境治理、乡村经营、乡建培训等业务。④

受乐施会在贫困社区执行"社区发展基金会"项目的启发，李昌平意识到农民金融合作或许可以撬动农村的发展。⑤ 于是，2005 年，李昌平在家乡湖

① 信阳市平桥区五里店街道志编纂委员会. 信阳市平桥区五里店街道志 [M]. 郑州：中州古籍出版社，2017.

② 数据来源：郝堂村村委会，2018 - 05 - 31。

③ 龚金星，禹伟良，王汉超. 郝堂：留住乡愁 [N]. 人民日报，2015 - 12 - 25 (016).

④ 资料来源：中国乡建院官网，http://cnrpd.com/关于我们/，2018 - 09 - 05。

⑤ 李昌平. 湖北王垸村养老基金试验 [J]. 银行家，2008 (5)：100 - 102.

北省监利县汴河镇王垸村说服村委会成立养老基金会，开始"内置金融"的实验。2009 年，李昌平将郝堂村选为"内置金融"的第二个试点村落。当时的背景是，2009 年 4 月信阳市被河南省委批复为"河南省农村改革发展综合试验区"，其中一个重要目标是盘活农村的土地，培育土地银行，并且创新农村的金融机制，解决农村资金饥渴的现状。① 李昌平回忆道："当时我在平桥区党校以《建设新农村，先建新金融》为题，明确阐述了我的观点：要想让小农的农地实现抵押贷款，一定要创建新金融体系——村社内置金融（合作互助金融）。……很快，在时任平桥区长王××的安排下，我随当时的平桥区科技局长和试验办主任禹××下乡选点。最后去的一个村是郝堂村。"② 最后，李昌平等人将试验点定在了郝堂村。

延续在王垸村的做法，李昌平来到郝堂村也首先成立了养老基金会——"夕阳红养老资金互助合作社"，互助社的启动资金由李昌平和区政府赞助，加上社区乡贤和老人入股四部分构成（见表 6-1），一共筹得 34 万元。互助社通过吸纳村民的闲散资金，以林权地权为抵押，面向本村人贷款，试图解决农民贷款难问题的同时，增加农村老年人的福利供给。

表 6-1 夕阳红养老资金互助合作社启动资金构成③

资金来源	金额（元）	是否参与分红
外来学者（李昌平）	5 万	否
平桥区科技局	10 万	否
村集体	2 万	否
社区精英（7 人，含村主任）	2 万/人，共 14 万	是（2013 年开始）
老年村民（15 人）	0.2 万/人，共 3 万	是
总金额	34 万	

① 资料来源：《王铁在信阳市"河南省农村改革发展综合试验区"建设工作启动动员大会上的讲话》，信阳市政府官网，2009-05-20。

② 资料来源：李昌平，《郝堂：以内置金融为切入点的村社共同体重建》（内部资料），载《绿色乡建》第 3 期。

③ 数据来源：李昌平，《郝堂：以内置金融为切入点的村社共同体重建》（内部资料），载《绿色乡建》第 3 期。

随后，在李昌平和区科技局的共同参与和指导下，入社的老人、社区精英、村组干部等选举产生了理事会和监事会，共同商讨制定出互助社的管理制度和章程（如下所示）。

"夕阳红养老资金互助合作社"章程部分摘要（转引自郑诗茵①)

一、关于吸收存款

1. 入社老人可追加股金2万元，作为优先股享受银行2倍的利息。

2. 本村村民也可入股，享受比银行高一个百分点的利息，但入股资金最高不超过10万元。

3. 吸收社会上不求利润回报的慈善资金。

4. 3个月定存，月息较信用社上浮1点。

二、关于发放贷款

1. 贷款对象：本村村民。

2. 贷款用途：农业、运输业、服务业、加工业等。

3. 贷款上限：10万元。

4. 贷款流程：由贷款人向理事会（或5人小组）提交书面申请；理事会（或5人小组）对贷款申请讨论并考察，4人同意并签字后报理事长；理事长考察贷款人的贷款权、抵押或担保，贷款用途等后签字；贷款审批人（含5人小组）负责贷款的跟踪管理和到期回收。

5. 贷款规则：贷款5000元，需2个入社老人担保；贷款2万元以内，需4个入社老人担保；2万元以上贷款，除了入社老人担保，还需要林权证等做抵押；担保者对贷款回收负有连带责任，如贷款不回收，应冻结担保人的股金至收回贷款为止；贷款需要理事签字授权，监事负责审批，两者相互制约。

6. 贷款利率：贷1年，月息1分/100元；贷3—6月，月息1.5分/100元；贷1—2月，月息2分。贷款利息年化15.6%。（贷款利率接近当期农村信用社贷款利率，此三种情况外的特殊贷款，利率标准由理事会专题讨论）。

从这个章程可以看出，互助社仅面向本村人贷款，且需要入社老人做担

---

① 郑诗茵. 乡村治理视角下的乡村旅游组织研究［D］. 北京：中国城市规划设计研究院，2017.

保。不仅提高了老人在村庄的话语权，而且通过老人构建了社区的信用体系，因为本村人相互之间彼此知根知底，"老人小组觉得你这个后生不错，就给你担保，递到理事会去"。这是一种基于乡村熟人社会建立的非正式制度，不仅可以了解贷款人的经济实力，还能熟悉并据此评估贷款人的个人信用度。另一方面，两万元以上的贷款需要用林权证做抵押，如果贷款人未能按时还款，则林地的承包权可以在村社内流转。与之相反的是，许多金融机构并不接受农村土地抵押，导致农民借贷困难。因此，从产权制度上来讲，互助社的成立唤醒了 de Soto 所称的农村的"沉睡的资本"（dead capital）①，实现了农村土地产权到资本的转化。很多村民通过向互助社贷款，可以发展养猪、农家乐等产业，提高了农村资源配置，激活了乡村。互助社自 2009 年成立以来，连续 9 年向入社老人分红（见图 6 - 1）。截至 2017 年底，互助社累计给入社老人分红达到 107 万元，累计向老人发放养老金 120 万元。改善了入社老人生活，黄塆组 87 岁高龄的徐奶奶说："好哇，怎么不好？不然谁平白无故给俺们这些年纪大的人钱？虽说不多，每年几百块，年纪大了上哪儿搞这些钱啊。"（HT-R07-XNN）与此同时，互助社凝聚了村庄的人心，为后来郝堂村的旅游建设打下了良好的基础。上一任村主任 HT-R11-HJ 表示："我们做了资金互助社，除了我们自己有了资金，也把人心都凝聚起来了。……我们搞村庄建设，也还有一些人想不通看不透，反对。老人们都帮我们说话，老人们就讲'分了钱是真的，听她的'。"

---

① de Soto H. The mystery of capital：why capitalism triumphs in the west and fails everywhere else [M]. London：Bantam Press, 2000.

图6－1 互助社入社老人和分红趋势①

然而，需要指出的是，从图6－1可以看出，随着入社老人的逐渐增多，互助社的分红金额整体呈下降趋势。因此，2018年初互助社理事会通过了新的规定，将入社老人的年龄从60岁以上提高至65岁以上。除分红人数增多之外，还有一个隐形的原因是，2011年至2014年间是郝堂旅游建设阶段，众多村民返乡创业，需要大量的启动资金，因此互助社放贷金额增多，相应的利息、分红也有所提升，而2015年郝堂进入后建设阶段，加之村民通过旅游业的发展积累了一定的经济资本，互助社在本村内放贷的可能性相对降低，导致年终分红减少。针对这一现实情况，互助社章程中规定的"贷款对象：本村村民"开始发生转变。互助社的理事们开始凭借各自的关系在本村范围外寻找需要贷款的人，尽管所贷之人并非完全的陌生人，但坏账的风险较以往的村内居民相比还是大大提高了。2017年，发生了互助社成立以来的第一笔坏账事例。2016年，"乡里乡味"的老板HT-R03-YDH以自己的名义帮助信阳市区的一位朋友向互助社借款10万元，贷款时间为1年，并以自家林权证作为抵押。一年以后，该朋友拒不还款。在HT-R03-YDH的再三追讨下，才要回本金10万元，借贷利息15600元则由该村民自己赔付。互助社在身份尴尬和借贷风险的双重困境中后续会如何发展，需要长期的追踪观察，但在2009年到2011年的两年多时间内，资金互助社的成立提高了村委会的话语权和威信力，

① 数据来源：HT-R11-HJ在第29期"郝堂乡村复兴讲坛"的课件，2018－05－27。

以及村庄内部的凝聚力和社区社会资本存量，这为后来的"郝堂·茶人家"旅游开发项目提供了非常重要的前提条件。

2. 旅游发展阶段："郝堂·茶人家"项目（2011年至今）

2011年，平桥区被批复为河南省"省级可持续发展实验区"，区科技局将郝堂列为可持续发展试验村的项目试点。2010年12月，李昌平邀请"北京绿十字生态文化传播中心"（以下简称"绿十字"）发起人孙君前往郝堂考察，随后在李昌平的引荐下，平桥区政府以购买社会服务的形式，每年出资90万元，邀请绿十字对郝堂村进行改造设计，签订两年服务协议，开启可持续发展"郝堂·茶人家"项目的建设。

（1）垃圾分类

项目从垃圾分类入手，以达到转变村民思想观念的目的。2010年12月，孙君首次到访郝堂村时，村干部表达出了想要发展、挽留外来专家的愿望。孙君要求村庄在3个月内完成垃圾分类工作，如果郝堂村能实现这一点，便允诺前来建设。孙君之意实际上是通过垃圾分类进行村庄规划前的总动员，调动村民的积极性。

郝堂村村委会通过召开村民代表大会确定了全民皆兵、共同参与的策略，出台开展垃圾分类、环境整治、卫生保洁的实施意见，并提出杜绝乱砍滥伐、禁止伐木烧炭。通过村干部进组入户做思想工作，由每户家庭负责自家房前屋后区域的卫生，公共区域由村委会负责。垃圾分类也遭到有些村民的反对，"有些人胡搅蛮缠，'你天天咋那么多事儿？我的祖祖辈辈都这样，我不是过得很好么，搞什么垃圾分类！'这样的人也是有一部分的，工作非常难做。（HT-R11-HJ）"于是，村委会联合村小学开展了"小手拉大手"的活动，小学生在老师和村干部的带领下，挨家挨户检查卫生。"哪个好，小孩就说'这家好，老师，这家干净'；哪不好，小孩就摆手，说'老师这家不行，太脏了'。你知道，农民最讲面子，因为它是个熟人社会，你说他家不干净，这个家长站在门口面子上就挂不住。"（HT-R11-HJ）村委会利用熟人社会中农民的"面子"约束机制，成功地动员了村民。

（2）土地开发与建设资金来源

旅游开发面临的一个重要问题是土地征用与赔偿方案的确定，根据建设的需要，对红星组（中心村）需要征用村集体建设用地70亩、流转土地140亩。2011年4月，经过村民代表座谈会的商讨，最终以1.8万元/亩的价格同意征用。同年9月，增加建设村庄公共设施需要新征用地约13亩，村民提出不能按照原来的1.8万元/亩的价格征用，因为其他村的征地价格达到2.4万元/亩，村委会经过核实后同意以该价格赔付村民。① 村委会的建设资金主要来源于信阳本土企业家的借款，第一笔资金从互助社借款160万元；第二笔资金来源于信合建设投资集团无偿借给互助社160万元，使用两年，支持村庄发展；第三笔资金是与固始县籍某企业家借150万元，月利率0.85%，借款期限两年。其他的水电路等基础设施均由区政府整合各种项目资金加以解决。

（3）其他建设与改造项目

解决完征地问题后，郝堂村正式开始了"茶人家"项目建设。在绿十字的指导下，村民对3处试点民居进行了房屋改造，使之符合规划设计的古朴风貌（见图6－2）。同时对村庄的道路水系、景观、郝堂小学、厕所等进行了重新设计和改建。修建了村庄的垃圾池，以及占地190平方米的郝堂村资源分类中心和占地面积1200平方米的人工湿地污水处理系统，后者于2014年获得水利部"国家水土保持生态文明清洁小流域建设工程"的称号。

图6－2   郝堂民居改造示范与资源分类中心

经过两年多的建设之后，据村委会的估计，2014年郝堂村游客接待量达到150万人次左右。然而，近两年游客量有所下降，2017年前来旅游的可能不到100万人次。游客减少的原因与郝堂村的客源结构有很大关系。客源结构上郝堂村以新农村建设/美丽乡村考察团为主，"郝堂出名后效应强烈，有很

---

① 数据来源：《郝堂建设大事记》（内部资料），2018－06－01。

多过来参观学习美丽乡村建设的，到了 2016 年以后，这一部分学习的人逐渐下降"（HT-R10-CZH）。无论如何，旅游的发展带来了大量的劳动力回流，2011 年至 2017 年间，全村返乡创业青年人数达 550 人左右，返乡比例约达到 50%，这一点通过郝堂小学在校学生人数也可以看出，2011 年仅为 68 名，2018 年上升到 250 名左右。返乡结构包括举家返乡参与旅游和女主人返乡开宾馆（不包含餐饮）、男主人在外务工两种。返乡村民开办农家乐 67 家①，从事餐饮和住宿接待。

二、隐形与凸显：地方政府与协作者中心的关系

（一）协作者中心的身份转变

李昌平在郝堂村进行"内置金融"实验，成立资金互助社之余，又与科技局的禹主任 HT-G03-YMS 联合发起成立信阳乡村建设协作者中心（以下简称"协作者中心"）。在谈及创立协作者中心的初衷时，李昌平说道："为了把郝堂实验长期做下去并推广，2010 年成立了'信阳乡村建设协作者中心'，并用这个中心申请了一些项目，在协作乡村建设的过程中培养乡村建设协作者。信阳乡村建设协作者中心的年轻人与郝堂村干部和养老资金互助社的骨干一起工作，是实施郝堂实验的重要力量。"② 推广宣传郝堂村的建设经验，培养乡村建设的后续力量是一个很重要的目的。地方政府有着相同的看法："做郝堂的时候有一个理念就是首先得有社区外部的社会组织的参与，在培养村庄主体的时候有一点非常重要的是外发促内，就是通过外部的社会组织参与、陪伴、引导、协作农民自己的组织发育成长。所以，我们第一件事情就是成立郝堂的一个外部组织，叫作信阳乡村建设协作者中心。实际上协作者中心就是一个平台，承接外部社会组织，同时它的根本任务是培养农民组织。"（HT-G03-YMS）

由此可见，协作者中心最初成立就是为了承接外部资源的同时培育社区自组织。但此时的协作者中心仍然是带有个人行为性质的社会实验，是一个未获

---

① 数据来源：郝堂村村委会，2018 - 05 - 29。

② 资料来源：李昌平，《郝堂：以内置金融为切入点的村社共同体重建》（内部资料），载《绿色乡建》第 3 期。

得任何正式身份的民间组织，活动内容也紧紧围绕着内置金融展开。

2011年，"郝堂·茶人家"可持续发展实验村建设项目开启后，为了协调各局委的资源，更好地推进项目建设，区政府抽调4名大学生村官，在科技局的领导下成立可持续发展实验区办公室（以下简称"实验区办公室"）。但正如禹主任所说："政府有政府的运作体系，公益组织有公益组织的运作体系，两者想平等坐下来沟通要有个平台。"因此，为了更好地对接设计方北京绿十字等公益组织，2011年3月，禹主任以实验区办公室的人员和架构在平桥区民政局正式注册民办非企业单位——信阳乡村建设协作者中心，自己担任协作者中心的法人，业务主管单位为平桥区科技局。协作者中心具体的活动范畴包括协作社区建立互助合作金融组织；建立返乡平台，为返乡青年提供创业支持；关注乡村教育，致力于促进乡村教师个人成长。

在2011年至2014年郝堂村发展的前期阶段，协作者中心仅仅是一个隐形的存在。当对接政府资源时，他们以实验区办公室的身份出现，而只有对接社会组织时，才扮演着协作者中心的角色。建设阶段之后，禹主任碍于体制内身份，于2014年3月辞去协作者中心法人职务，转由协作者中心成员——大学生HT-N01-JJJ担任。然而2015年HT-N01-JJJ辞去大学生村官，转做全职公益人，协作者中心的另外3名大学生村官也通过公务员考试上调至其他单位，协作者中心逐渐开始脱离对地方政府的依附，朝市场化方向发展，这可以通过协作者中心的项目来源和人员构成体现出来。在这一阶段，协作者中心的项目主要通过HT-N01-JJJ和团队成员申报争取，在人员构成上以外来志愿者和本村村民为主，不再有政府背景的人员参与其中。协作者中心的负责人也将组织定位为一种草根NGO，也正是基于这一阶段特点的考虑，本书将协作者中心视为一种自下而上的社会组织。截至调研期间，协作者中心只有HT-N01-JJJ 1人为正式员工，2名志愿者，6位村民为兼职人员。

可以发现，协作者中心的身份经历了两次转变：第一次是从草根到获得合法身份的转变过程，这个转变也意味着协作者中心嵌入地方政府程度由浅至深，关键人物李昌平和禹主任在其中发挥了重要的作用。这种深层次的嵌入一方面使得协作者中心能够全面参与郝堂村建设，但同时"一套人马，两块牌子"带来的双重身份的复杂性，也为协作者中心与地方政府在自主性和依附性之间的矛盾埋下了伏笔。

（二）依附与自主带来的纠结

郝堂建设前期协作者中心与实验区办公室是"一套人马，两块牌子"，因此有很多行为是在地方政府的要求下以实验区办公室的名义进行的，只有少量行为留下了协作者中心的踪迹。为了清楚地了解这些行为，下面将不局限于对协作者中心行为的梳理，还包含以实验区办公室之名从事的活动。

2011年，实验区办公室成立之后，抽调的大学生村官需要进驻郝堂村，日常工作包括负责领导考察时的接待陪同与讲解；编写和记录郝堂建设的大事记；按照郝堂规划要求，对照财政支农资金整合范围，提出阶段性的项目资金规划分类清单，然后对接区财政、水利、环保、交通等各部门；监督建设实施过程中的落实状况，协助解决实施过程中的各种难题等。

除了这些政府工作之外，2011年，在李昌平的引荐下，平桥区人口计生委购买了美国爱心基金会的"健康服务进家庭"服务项目，关注孕产妇自然分娩、母乳喂养、抗生素使用等健康知识的宣传。郝堂村作为活动的推行试点村之一，以协作者中心的名义对接了美国爱心基金会。由美国爱心基金会负责具体执行，协作者中心充当协调者和监督者，陪同基金会的医疗专家入户宣讲健康知识，建立家庭健康档案，引导村民注重个人健康卫生，进而改变村民的行为习惯。尽管实施效果可能不尽如人意，如村民所言，"我只记得一个内容就是提倡母乳喂养和顺产，减少剖宫产"，但这种理念的培植也是该活动的有益成果。"这个项目做完之后，发现改变成人的饮食习惯比较难，我们需要从孩子开始着手做，就和北京营养师俱乐部又对接了，对接完之后，因为他要在学校这一块去开展实业教育，我们和教体局去对接，教体局购买了他们的服务。"（HT-N01-JJJ）为郝堂村小学的学生每学期讲授12节食育课程，调整小学餐厅的食谱，为小学生提供体检服务等，试图通过饮食教育改变孩子的饮食习惯，间接影响家庭和成人。

因此，协作者中心充当了外部公益组织与地方政府之间沟通的桥梁。这种角色具有官办社会组织色彩，是地方政府为了缓解自身的行政压力与困境，专门针对某些政府不方便直接开展的行为而特设的。有学者指出，在这种强政府场域中，官办背景能有效协调政府与社会组织之间的信任关系。[1] 这一点是不

---

① 孙晓冬. 强政府场域下公益组织的行动自主性与实效性研究：以天津市T社区为例 [J]. 中南大学学报（社会科学版），2015（5）：118-126.

证自明的。然而，相互间的信任关系也意味着主管单位平桥区科技区对协作者中心的实际控制，决定着其活动内容，导致协作者中心自主性不强，呈现出内部行政化治理倾向。

2014 年郝堂村建设结束，实验区办公室抽调的几名大学生村官面临转岗的选择。当时平桥区还有 12 个大学生村官没有编制，包括抽调的 4 位，平桥区可以解决 6 个事业编，但需要通过考试竞争，其他村官都通过了公务员考试，继续留在体制内工作，还剩下包括 HT-N01-JJJ 在内的其他未通过考试的大学生村官，则通过政府购买服务型岗位的形式予以解决编制问题，但服务岗的工资低且聘期只有三年。权衡之下，加上 HT-N01-JJJ 志不在此，便索性放弃了成为公务员的想法，开始以协作者中心为工作重心，全职从事公益事业。随着协作者中心法人脱离政府体制，协作者中心的发展也逐渐朝着去行政化方向发展，有着从"幕后"到"台前"的发展诉求。因此，在组织凸显过程中，其与地方政府的关系也渐渐有所变化。

去行政化运作之后，协作者中心面临着市场竞争的压力，需要按照社会工作服务项目制的规则参与项目投标和竞标、参与公益创投比赛等活动，相应地需要举办一些活动来证明项目的实施状况，用作结项和组织宣传。这种情况下，协作者中心势必寻求组织自身的自主性和独立性，降低对政治资源的依附力度，然而自主与依附之间存在着一定的张力，转变的过程不可避免地给社会组织带来了矛盾与纠结。

三、在地陪伴催生社区主体性萌芽

协作者中心最初成立的目的之一，即为地方政府对接各种外部公益资源。实际成立之后，除对接地方政府引入的资源以外，其自身也利用所处的社会组织网络为村庄带来了各种人才和经济资源，不仅构建了社区内部自组织网络，也促进了青年村民主体性的萌芽，但与此同时，协作者中心与村委会之间的争论逐渐浮现。

（一）资源嵌入中的公益与商业之争

1. 公益行为与居民信任

协作者中心主要通过项目申报、奖项评比和公益赞助的形式引入外部资金和人才，在郝堂村组织了很多有益于小学生身心发展、丰富村民社会生活的活动。从社会交换理论（social exchange theory）来看，社会互动就是一种基于收益和成本的交换活动，该理论认为交换者会依据互动关系产生的积极或者消极结果来评估另一交换者的信任价值。[①] 因此，交往互动中的感知收益和成本会影响行动者的信任态度。本书将通过对协作者中心依靠外部资源开展的三项活动的梳理，呈现出社区居民的收益感知及其对协作者中心的信任态度。

首先，引进"小鹰计划"志愿者。2013 年，友成企业家扶贫基金会（以下简称"友成基金会"）发起的青年发展与培养项目——小鹰计划将中期培训地点选址郝堂村，揭开了协作者中心与小鹰计划的合作序幕。从 2014 年至 2018 年，友成基金会每年选拔 2 ～ 3 名青年小鹰学员进驻郝堂，开展为期一年的沉浸式乡村实践。小鹰学员进驻郝堂，在促进自身成长的同时也为村庄带来些许改变。例如，2015 年来自武汉大学的小鹰学员为郝堂村旅游土特产品包装设计统一风格，还为青年志愿服务队设计了统一的服装；并在郝堂村小学的正常课时之外，给孩子们开设每周三次、每次一小时的第二课堂，讲授手工、美术、合唱等内容。2016 年的小鹰学员联合公益组织古村之友，于 2016年 11 月发起"豆本[②]与美丽乡村的邂逅"募捐项目，成功筹集 5600 元用于购置空白豆本、水彩笔、定画液等物品，为村内孩子开展豆本创意课堂、培训郝堂小学的在校教师，举办郝堂豆本展等。村民对此评价道："有些'小鹰'真是为村庄做了不少事，你像教孩子们画画，辅导他们作业，对村里的孩子来说多难得！"（HT-R12-CY）而孩子们则以实际行动表达了对小鹰志愿者的喜爱，笔者调研期间的房东的 13 岁儿子曾提到，尽管有些小鹰志愿者在辅导功课时比较严厉，但是他还是会去岸芷轩写作业，因为这些志愿者讲起作业来简单易懂。"另外他们做儿童性教育、留守儿童关爱活动，还有带孩子们画画、做手工、看电影、阅读、做游戏，还有开展自然教育。看似是很简单很平常的小事，但对孩子的成长特别有意义，尤其是对那些留守儿童来讲非常有意义，很及时地给予他们温暖，有效陪护，这是他们的爸爸妈妈都做不到的，就别说爷爷奶奶了，而且从孩子的天性来讲，他们也特别喜欢这些大哥哥大姐姐。"（HT-N03-ZLS）

① NUNKOO R. Tourism development and trust in local government [J]. Tourism Management，2015，46：623 –634.

② 豆本，指的是"迷你书"，尺寸为 56 毫米高、42 毫米宽，每本 8 页。

小鹰学员本身是协作者中心对接的外部人才资源，不少来自国内一流大学的"小鹰"们不仅凭借自身特长改变着村庄，而且也成为勾连村庄与外部世界的桥梁，同时又为村庄引入外界的经济资源，而协作者中心也在小鹰学员的活动中以乡村教育的方式融入村庄。由此可见，协作者中心利用自身所处的社会组织网络，勾连了村庄与外部社会的公益资源。因为这种社会组织网络的存在，协作者中心的成立甚至可以被视为一种"蝴蝶效应"，其对接到的资源反过来又为村庄带来更多的资源，资源在村庄的集聚和叠加最终带来系统的改变。

　　其次，运营岸芷轩公共空间。协作者中心和小鹰志愿者们工作的地方叫岸芷轩，是由我国台湾建筑师谢英俊设计的一处社区公共空间，游客可以在此喝水休息，郝堂村的孩子可以在此免费借书、看书。郝堂建设时期岸芷轩由实验区办公室的大学生村官 HT-G01-ZJ 负责管理，建设结束之后由协作者中心负责人 HT-N01-JJJ 接手运营事宜。除了提供阅读服务之外，协作者中心还会不定期地在岸芷轩为村民放映公益电影。

　　协作者中心利用所处的公益组织网络，为岸芷轩带来了更多的资源。比如，在"健康服务进家庭"项目中，协作者中心结识了美国爱心基金会的负责人翁永凯女士，并在翁女士的引荐下接触到永权基金会。2015 年，永权基金会向协作者中心捐赠价值 3 万元的儿童读物，放置在岸芷轩供郝堂村小学的学生课外借阅。并且，针对距离中心组比较远的自然村，协作者中心还举办了"流动图书馆"的活动，"我们从 2017 年 9 月 1 日到 2018 年 1 月底，做了一个项目叫'流动图书馆'，每个周六日把这个岸芷轩的学生的书放到我的车里面，然后我开车到其他比较偏远的、孩子看书不方便的村民小组，因为除了红星组的孩子来郝堂来看书比较方便，其他都不行，太偏远了。然后很多都是留守儿童或者是父母不可能带着孩子来到这儿，所以我们送书上门"（HT-N02-MJ）。书籍与场所的提供在一定程度上改变了某些孩子的不良行为习惯，使其爱上阅读和学习。例如，居住在曹湾组的村民 HT-R05-ZJY 原本在上海务工，因为上小学三年级的儿子学习不好，反复犹豫之后最终决定留在家中亲自教育孩子。HT-R05-ZJY 要求孩子每天放学之后不能直接回家，而是去岸芷轩写作业，有时自己去辅导，有时依靠小鹰志愿者。经过半年的时间，孩子的学习态度明显改变了："他现在已经在往好的方向去发展了，作业比以前写得认真一点，以前天天批评他，老师天天都通报作业没写完，或者是作业写得不好，现在稍微强一点。有时候写完作业，他还主动借几本自己感兴趣的书（带）回家看，比以前强多了。"（HT-R05-ZJY）协作者中心对岸芷轩公共空间的维护和运营，为郝堂村的小学生们提供了一个学习的场所，培养了孩子们的阅读行为习惯。因此，村民感知的孩子的改变会提升他们对协作者中心的信任度，当HT-R05-ZJY被问及如何评价协作者中心的负责人HT-N01-JJJ时，他说道："HT-N01-JJJ一个人在郝堂坚持这么多年不容易，确实不容易。说她好的也有，说她坏的也有。但不管别人怎么说，她不能做到让人人都喜欢，对吧？总是有触动别人利益的时候，可能别人就会说你的坏话，但是，这情况下我们只需要做回自己。在凭自己的良心做事的情况下，不管别人怎么说，最起码我们对得起自己。"

最后，举办郝堂村民晚会和长桌宴。郝堂村民晚会从2014年开始举办，前三届的活动费用均由地方政府赞助，村委会主导活动，协作者中心/实验区办公室起到辅助作用。2017年，协作者中心通过针对性筹款为村民晚会筹集到一定的活动款，并成功说服村委会由协作者中心筹办该届的村民晚会。协作者中心与青年志愿服务队共同组成了村民晚会筹备委员会，在全村范围内张贴海报征集节目和志愿者，动员村民广泛参与，指导村民排练节目。在常规文艺表演活动之外，协作者中心还策划了长桌宴。因为按照惯例，每年农历腊月二十四是夕阳红养老互助社分红的日子，上午入社老人集中在中心组分红，下午举办村民晚会，为了不让老人们来回折腾，协作者中心决定解决老人们的午餐问题，于是商讨出长桌宴的形式。活动当天，由志愿服务队的队员和其他村民志愿者提供后勤服务，贴横幅、搬桌椅、挂灯笼、摆碗筷、放酒水等，除了郝堂村村民、村民晚会演职人员等，30桌长桌宴还向游客免费开放。村民参与村民晚会和长桌宴这种村庄公共事务，一定程度上起到了凝聚人心的作用，正如协作者中心的负责人HT-N01-JJJ在谈及这个活动时所言，"当时我搞完之后跟他们（村民）说，回头搞不搞还不一定，他说你一定得搞，这事这么好，说一搞都要搞三年！（大笑）其实老百姓会觉得有一个大型的活动又把大家聚在一起了，他们会觉得给他们带来了很大的信心和动力。因为最初建村的时候开了很多的会，正面地去传递和传达村庄的发展规划和目标以及方向，但是2013年之后慢慢地很少开会了，村民等着啥时候给我们开个会，讲一讲我们下一步该怎么办。没人开会了，他们反倒会觉得有点焦虑，甚至觉得说不知道往哪儿发展，有点茫然。忽然有一个这样的活动又把大家聚在一起了，然后他们觉得很有凝聚力，又受到了鼓舞，觉得这样干也行"（HT-N01-JJJ）。

村民对此的评价也以"挺热闹""希望今年还有"等正面评价居多。可见，在普通村民看来，协作者中心为村庄筹备晚会和长桌宴的行为是值得肯定的（"挺热闹""希望还有"）。在没有感知成本和利益纷争的情况下，协作者中心在村民中的评价并不负面。

2. 公益站性质引发争论

2011 年协作者中心以夕阳红养老资金互助合作社为案例，成功申报由英特尔公司和民政部共同发起的"芯世界"公益创新奖，获得奖金 10 万元。协作者中心将 10 万元奖金用于筹建郝堂青年创业合作社（注册名称为"信阳市平桥区新农人生态农业技术服务专业合作社"）。2012 年 6 月，青年创业合作社向村委会承包 150 亩低产水田，期限三年，组织村民种植观赏荷花，每年赏荷时节过后，再雇佣村民采莲蓬，以每个两元的价格卖给游客，大部分运往信阳市区卖给市民。试图通过"合作社＋基地＋农户"的模式，带动返乡青年创业。但实际运作过程中，因为经验不足、人员流动、与民争利等原因，三年期满后并未与村委会续约。HT-N01-JJJ 反思道："10 万块钱一下给了村里，这是不对的。因为那时候也没有游客，我们自己也没有种植技术，对着荷塘干瞪眼，最后我们请老百姓拔草，请老百姓施肥，我们都是赊账。"（HT-N01-JJJ）因为运行效果不佳，青年创业合作社逐渐沉寂，这是协作者中心初期利用外部资源嵌入村庄而进行商业行为的一种有益尝试。

与此同时，2012 年，协作者中心从信阳市福利彩票基金会申请到乡村公益站的项目，拿到项目资金 10 万元，在村委会对面利用一间 60 平方米的房子为社区居民打造公益站。最初的设想是"村里一些的手工产品和农副产品可以在这里展示和寄卖，像这些酱菜、土鸡蛋等等。这些盐是为村里腿脚不方便，不方便赶集的老人准备的，他们可以凭自己的酱菜和土鸡蛋换这些生活必需品。另一方面，城市人多出来闲置的二手物品可以捐赠到这里，我们是想通过这么一个小小的空间的塑造，实现城乡的一个对接"（HT-N01-JJJ）。公益站室内挂着"爱心超市管理制度"，其中第二条写着"爱心超市接受机关、企事业单位、社会团体、共建单位和爱心人事的捐赠，社会捐赠的物品一律登记入账，单位捐赠物品出具收据"，第三条规定"爱心超市面向社区全体村民开放，超市所有物品不可免费领取，只提供等价物品交换服务"。

然而，这个乌托邦式的构想在实践中效果不佳，一方面因为村民的土特产可以直接面向游客出售，无须转手放置在公益站交易；另一方面，捐赠到公益站的城里人的用品几乎没有，因此公益站仅停留在理念层面。

随后，公益站演变为郝堂青年创业合作社的商业空间，"公益站和返乡青年创业合作社，另外还有乡村建设协作者中心它们是分不开的，互相彼此都属于是一个公益组织"（HT-R05-ZJY）。以创办公益站的名义从村委会拿到的房屋，门口挂着"游客服务中心""郝堂青年创业合作社""郝堂公益站"三块牌匾，其中前两块更加醒目（见图 6 - 3 左）。六位兼职协作者中心员工的村民平时会轮流在公益站值班，当有旅游团抵达郝堂需要讲解服务时，一般会到这个游客服务中心/公益站向其预订导游服务，由该值班村民负责讲解，团队较多的情况下，HT-N01-JJJ 以及其他兼职员工也会带领游客参观。讲解的内容是 HT-N01-JJJ 编写的，具体涉及郝堂的历史、建设的过程、荷塘与青年创业合作社的由来等。每次讲解 100 元，讲解费由讲解员与游客服务中心/公益站均分。与此同时，公益站还向游客销售一些土特产品（见图 6 - 3 右）。目前，公益站所售产品有七种：酱菜、茶叶、土鸡蛋、山楂条、蜂蜜及中国邮政的产品，包括明信片等；青年创业合作社的自产产品——莲子、莲心、茶籽粉。

图 6 - 3　郝堂公益站的外观和内部摆设

就协作者中心来说，青年创业合作社、游客服务中心和公益站都可以视为"一套班子，几块牌子"的挂牌策略，是自下而上的 NGO 面对生存困境的一种应对方式。[①]

然而，正是这一挂牌行为引发了公益站性质的争论，村委会与协作者中心在公益站的使用方式问题上存在分歧，进而导致了社会组织身份合法性危机。

---

① 朱健刚. 草根 NGO 与中国公民社会的成长 [J]. 开放时代，2004（6）：36 - 47.

为了应对这一危机，社会组织采取了退出策略。有研究表明，组织所采取的策略形式及其能动性大小，由组织自身合法性程度和其掌握的资源可替代性程度所决定。[①] 自下而上的 NGO 因资源拥有量低且可替代性高，导致议价能力弱。因此，面对来自权力主体的压力时，只是相应地采取妥协和规避策略。

（二）网络嵌入中自组织的诞生

协作者中心在地陪伴的时间越长，其在乡村的嵌入愈深，主要表现在协作者中心影响下乡村内部自组织网络的构建，而自组织网络的成立又体现着村民对社会组织的信任。2016 年，郝堂返乡青年自发成立了由 15 人构成的乡村自组织——郝堂青年志愿服务队（以下简称"服务队"）。作为发起人之一，服务队队长 HT-R04-LCX 在解释发起缘由时说道："闲的时候，我们这些年轻人就会聚在一块喝茶聊天，去岸芷轩找 HT-N01-JJJ，经常跟她聊天，发现村庄存在一些问题，比如游客多了，垃圾也多了起来，还有之前搞的那些公共设施都有一些损坏，所以我们年轻人想在屋里做一些事情，搞一个青年志愿者服务队。"由此可见，协作者中心运营的社区公共空间——岸芷轩，成为返乡青年日常交流的场所。与协作者中心成员的互动，在唤醒青年群体的主体性意识方面起到了潜移默化的作用。服务队成立之后，建立了"郝堂青年志愿服务队"微信群，日常讨论村庄旅游发展中存在的问题，以问题为导向，通过各种活动服务郝堂公共事务的发展。

第一，定期清理公共区域的垃圾。尽管村委会聘请 6 位本村老人打扫村庄的公共区域，但是青年志愿者们发现一些较为偏僻和相对崎岖的地方，老人们腿脚不便，难以清扫，便自发组织队员每两周对河道、草丛等区域的垃圾进行清捡和分类。郝堂村建设初期在绿十字的引导下曾经开展过一段时间的垃圾分类，但建设结束绿十字离开后，村民的生活方式又回到以前的状态，资源分类中心逐渐废弃。2018 年 9 月，在协作者中心的带领下，大家准备重启垃圾分类行动。由协作者中心对环卫老人和妇女环保小组志愿者进行垃圾分类的培训，以"头脑风暴"的方式讨论郝堂村垃圾来源、数量和具体的解决办法。

第二，修缮旅游公共设施。郝堂沿河建有木制栈道，2017 年部分栈道栏杆断裂脱落，基于对游客安全的考虑，HT-R04-LCX 号召队员自发进行了修

---

① 邓宁华．"寄居蟹的艺术"体制内社会组织的环境适应策略：对天津市两个省级组织的个案研究 [J]．公共管理学报，2011（3）：91–101．

缮。2018 年，笔者调研进入尾声之时发现村内杏花林间的木制栈道坍塌，调研结束便传来了服务队已将其修好的消息。

第三，疏导交通。节假日期间，自驾进村的游客过多，造成村内交通拥堵。2016 年 8 月之前，HT-R11-HJ 担任村主任时，每逢遇到此类情况，便向政府部门寻求交警支援，并号召村干部协助指挥交通。HT-R11-HJ 描述了当时的情形："长假的时候我们都要去引导车辆，中午都顾不上吃饭。另外，我那时候是比较强势的，那时候如果人太多了，我就给区里、市里打电话，说我这儿车堵了，帮忙派交警来疏导交通。那时候一到星期六、星期天，我就提前跟领导说，要求派两个交警来疏导交通，包括我们全体村干部都上，都去疏导，光交警也不行。"

第四，修建登山步道。服务队队员在与往来游客的交谈中意识到，郝堂旅游发展存在的一个明显的问题是游乐项目较少，留不住游客。因此在协作者中心志愿者 HT-N02-MJ 的建议下，服务队队长通过挨家挨户动员，由 HT-N02-MJ 和小鹰志愿者起草倡议书，号召全体红星组村民共同参与，最终修建了一条一公里左右的登山步道。

倡议书

亲爱的红星组村民们：

　　为了改善郝堂村的旅游环境，我们在此倡议邻居们一起上山清除杂草，齐心协力修出一条爬山小道。每年旅游旺季，大批游客都曾提建议，希望能爬山踏青，登高望远，看到不一样的风景，更多地体验乡村旅游乐趣，更好地舒展身体，活动筋骨。如果我们能够在山上修出一条小道，就能够吸引更多的游客，延长游玩时间，激发游客消费的欲望，提高我村村民的经济效益。

　　由于天气渐冷，来村游客数量渐少，旅游生意已经进入淡季，大家也都有较多的空闲时间。山上原有一条狭窄小道，只需要拓宽即可，如果大家都积极参与，需要5～8天时间即可完成，不费财物的同时还可以锻炼身体，让我们拿起镰刀、锄头行动起来吧！

　　这条原有的爬山小路只需要扩宽即可。起点：图书馆对面大堰旁的山脚下，终点：道中书院（养老院）旁的山坡。现倡议：

　　1. 每家都出一个劳动力来修建小道，如果全家都没有时间或者劳动力，可以出资30元人民币来资助修建小道。

2. 小道从图书馆对面大堰起，到道中书院（养老院）止。

3. 早上8：10到岸芷轩集合，每天参与工作时间为8：30～11：00。

4. 开始日期为12月7日。

古有愚公移山，今有郭亮村民，于悬崖峭壁之上，徒手凿出一条挂壁公路。榜样的力量是无穷的！让我们热火朝天地干起来吧，为了郝堂村更好的明天！

我变了，整个村庄就变了！

倡议人：郝堂青年志愿者服务队

通过上述梳理可以看出，除引入外部资源之外，协作者中心另外一个重要的功能在于促进社区主体意识的产生，借由乡村自组织进一步嵌入社区。并且协作者中心对社区的影响虽然只是极少数的青年个人，但是年轻人的参与和活动发起正影响着更多的社区主体参与其中，如在服务队的倡议下，其他村民也自愿加入登山步道的修建中。村民对服务队的所作所为普遍评价较高，认为"理念很好""村里的发展还是离不开他们年轻人"，并表示"支持他们"。中心负责人HT-N01-JJJ表示，让村民参与村庄的发展建设是协作者中心的初衷之一：

协作者中心其实后来做的主要的事就是社区陪伴。因为每个阶段的问题不一样的话，我们也不可能说能够预见到，有些事可能预见不到。但是，有一个比较清晰的目标或者认知，就是一定要让村民参与到村庄建设里面来。就跟最初的时候，我们和农民一道来建设乡村的理念是相通的。但怎么一道去建设，怎么样让他们对村庄（的事情上心）？因为返乡那些人不稳定，如果在家挣不到钱，他们可能也就又走了。那么怎么样在发展产业的同时，又不破坏环境，做村民教育这一块其实是比较重要的一个环节。后来想着怎样去做一些自组织。然后其实在做自组织的过程中要发现村庄一些新的有这种潜质、关心村庄公共事务的人，然后把他们培养出来。这样的话，未来村庄的发展才能够有更多的可能性。

从HT-N01-JJJ的这段讲述中可以发现，与地方政府、旅游企业等其他行动主体相比，社会组织在促进乡村旅游发展中具有三个独特性：一是社区陪伴，表现在社会组织的长期在场，根据社区不同发展阶段面临的不同问题相应地提出具体的解决措施；二是社区参与，将社区居民作为发展的主体，调动村民的参与意识和主体性，提高社区自组织能力；三是精英唤醒，调动村民参与性是逐步实现的，关键在于发掘少数关心公共事务的社区精英，唤醒社区精英的组织和动员能力。Oliver 等人的"关键群体"（critical mass）理论指出，集体行动的成功通常依赖于与多数典型群体成员不同的"关键少数"，是否能够不局限于追求个人利益，而从社区整体角度出发率先投入集体行动中。[①] 这里的"关键群体"即社区精英，因此，促进关键群体的觉醒对推动社区集体行动具有重要作用。

　　乡村自组织形成的背后是郝堂村青年群体主体意识的觉醒，责任、奉献等行为准则的生成说明协作者中心在村庄的嵌入逐渐加深。所谓"主体性"，指"农民对自己在村庄里的角色、地位、作用、能力的自觉的体认与感受，把村庄当作自己的村庄、把自己当作村庄的主体来体验的一种精神状态"[②]。当问及为什么要加入服务队时，志愿者们说，"年轻人为自己的村子做点事儿"（HT-R04-LCX），"为村子好，也是为我们自己好"（HT-R09-SLH），"HT-N01-JJJ 一个人在郝堂坚持这么多年不容易……你不是郝堂村的，你都为郝堂做出这么大的贡献，对吧？我作为一个有现代思想的年轻人，我也有责任，有义务来站出来分担一点，对吧？"由于协作者中心长期地在地陪伴，郝堂青年群体对村庄的关注已经开始从私领域向公领域拓展。非正式制度的萌芽是其深层嵌入的结果，也是认同型信任的直接体现。

　　然而，需要承认的是，萌发这种意识的村民不多，甚至有些农民加入服务队后又退出，"以前我弄了，后来我懒得弄。……以前村里管，不让在外面摆摊，现在不管了，那些吃饭的桌子都摆在外面，吃饭的餐巾纸、垃圾乱丢，风一刮都吹到河里了，你为谁捡你说？没啥意思，我想着我不搞了，你们愿意搞你们搞"（HT-R03-YDH）。

　　有学者认为村庄内部组织存在四种：第一，村庄内只有村委会等必备组织；第二，除必备组织外，还有村委会领导组建的其他功能性组织；第三，村

---

　　① Oliver P, Marwell G, Teixeira R. A theory of the critical mass I: interdependence, group heterogeneity, and the production of collective action [J]. American Journal of Sociology, 1985, 91 (3): 522 – 556.

　　② 杨华. "无主体熟人社会"与乡村巨变 [J]. 读书, 2015 (4): 31 – 40.

庄内出现村民自发成立运作的娱乐性组织；第四，存在村民自发组织的具有管理或服务功能的组织。① 显然，郝堂青年志愿服务队属于第四类。这类自组织的活动涉及村庄公共事务，与社区权力主体——村委会管理的内容存在交叠，容易与其产生权力冲突。与方村和培秀村中依托政治精英的关系网络开展工作不同的是，协作者中心在郝堂的嵌入过程中缺少村委会成员的加入，青年创业合作社和青年志愿服务队都不是依托村干部的强人网络构建的，而是通过唤醒相对年轻的社区社会精英成立的。这一点是关键的，这种嵌入方式天然地会导致多个相互分隔的社区关系网络的出现。

作为一个非正式的乡村组织，服务队掌握的资源和权力有限。在能力和权限范围之外，诸如对人的管理和约束、沿河亲水栈道等旅游公共设施的新建，需要借助村委会的力量。但是，作为村民正式的自治组织，村委会的"无为"某种程度上消解了自组织的能量。因此，非正式制度的形成不仅需要社会组织的在地陪伴，村委会的配合与支持也起到重要作用，星星之火能否成为燎原之势依然绕不开社区权力主体。

四、本章小结

与中国扶贫基金会和 FFI 不同的是，协作者中心在郝堂村旅游发展中不仅为社区引入众多的外部资源，促进了社区桥接型社会资本的发展，而且进一步带动了社区自组织的产生，使社区内部形成了新的关系网络，从而促进了联结型社会资本的发展。作为旅游发展的一类利益相关者，社会组织的独特作用体现在社区陪伴和精英唤醒两方面，协作者中心在地陪伴社区精英成长，通过外部资源的挹注为本土精英营造了社区参与的空间，提高了他们的参与能力，并且唤醒了本土精英的主体性和参与意识。社会组织在社区的嵌入也越来越深，逐渐触及社区的制度层面。

另外，需要指出的是，与自上而下的社会组织和合作型社会组织相比，自下而上的社会组织在嵌入地方中面临着更多的资金、人力、专业知识等生存困境。为了应对这种困境，协作者中心采取了"一套班子，几块牌子"的挂牌策略，通过异化公益站为商业空间等行为获得生存路径。然而，挂牌策略却给

---

① 陶传进. 草根志愿组织与村民自治困境的破解：从村庄社会的双层结构中看问题 [J]. 社会学研究，2007（5）：133－147.

协作者中心在社区的身份的合法性带来了威胁。面对这一困境，协作者中心主要采取了规避的应对策略。

第七章　社会组织的嵌入行为解读

通过前三章的梳理与分析，可以发现，不同类型的社会组织在嵌入地方过程中，与地方政府和社区之间形成了不同的互动关系，导致了不同的嵌入结果。本章将从嵌入方式、信任的影响因素、信任的构建过程、信任消解的应对策略等维度对三种类型的社会组织进行对比，剖析不同类型社会组织的行为逻辑，探究导致社会组织地方嵌入存在差异的深层原因，借由这些分析最终回应旅游研究中去商品化的研究范式之争和社区参与理论。

一、社会组织的嵌入方式

（一）嵌入地方的行政依赖

依赖业务主管单位的行政资源获得身份的合法性，对于社会组织来说是嵌入地方的第一步。因此，无论自上而下还是自下而上，抑或两种方式结合的社会组织，嵌入地方的初始阶段都在某种程度上呈现出行政依赖的特点。这里的行政依赖是"行政吸纳社会"的另一面，"行政吸纳社会"的核心观点是政府通过控制和功能替代机制实现行政主导。① 行政依赖是社会组织面临行政主导现实环境的一种配合行为，主要表现在两方面：第一，进入案例地时主要依赖行政体系的运作，从上至下嵌入；第二，嵌入过程中出现问题时，往往借助行政权力予以协调解决。

在方村案例中，中国扶贫基金会从选择项目试点村开始，凭借组织背景，依托业务主管单位——国务院扶贫办的垂直管理系统，从基金会的北京总部到成都办事处从上到下逐级与省市县各级地方政府层层沟通。选定项目试点村之

---

① XIAOGUANG K, HENG H. Administrative absorption of society: a further probe into the state-society relationship in Chinese mainland [J]. Social Sciences in China, 2007 (2): 116-128.

后，在遭遇社区反对导致项目执行困难时，积极寻求地方政府行政权力的帮助，妥善解决文化中心征地问题。

在培秀村案例中，FFI 中国项目部同样是在其业务主管单位——广西壮族自治区林业厅的支持下，开展元宝山冷杉保护项目。当项目执行过程中出现地方政府不信任的现象时，也是通过业务主管单位从中协调。

对于郝堂村来说，信阳乡村建设协作者中心本身由其业务主管单位——平桥区科技局发起成立，甚至在项目建设前期与"可持续发展实验区办公室"这一政府部门是"一套人马，两块牌子"，社会组织的身份是隐形的，政府组织的身份反而更加凸显。

（二）嵌入社区的强人网络与能人网络

在嵌入社区的方式上，三个社会组织有所不同。

中国扶贫基金会是通过社区强人网络实现快速嵌入的，即利用村庄政治精英的权威和关系网络，通过时任村支书 FP-R09-WDX 的上传下达，这种方式的优点是能够在较短时间内迅速开展工作。但与以往研究不同的是，在方村并未发现基金会的介入强化网络内部的致密性，相反，由于援助资金的嵌入，反而增加了社区关系的复杂性，导致社区的分化。

FFI 与中国扶贫基金会相同，都是利用强人网络开展社区活动，组织村干部加入社区共管委员会，通过共管会嵌入社区。然而，与方村不同的是，FFI 的嵌入对社区原有关系网络并未造成显著的影响。这诚然与两个组织的工作方式不同有关，基金会项目主管长期驻村，因而与社区中间人的交往更加密切，而 FFI 项目主管无须驻村，因此与政治精英之间的交流均不多。

除此之外，社区本身初始社会资本的差异也是导致两者不同的原因。方村的文书 FP-R14-ZWS 曾告诉笔者："方村这个村子因为姑娘嫁人、小伙子娶老婆都是这个寨子，现在（嫁）出去的还很少，所以这个寨子里面帮派很多，就是选举或者村里搞什么事情，一个帮派有一两个肯定要煽动，在选举的时候都非常难选。"普特南认为社会资本是社会的黏合剂，社会资本对于构建社区旅游的支持、信任和健康的态度至关重要。当社区具有凝聚力和信任的时候，社区参与旅游就比较容易实现。① 而现实情况却是，方村的初始社会资本存量

① PAWSON S, D'ARCY P, RICHARDSON S. The value of community – based tourism in Banteay Chhmar, Cambodia [J]. Tourism Geographies, 2016：1 – 20.

较低，社区已然分化，在基金会外来经济资本的刺激下进一步恶化，而培秀村内部政治精英斗争的情况并不明显。

这又涉及第三点原因——经济资本的动机挤出效应（motivation crowding-out effects）。在动机研究领域中，学者们将动机分为内部动机和外部动机两种，其中外部动机指诸如金钱等外部刺激激发的愿望和动力；内部动机则源于个人自身兴趣对内容的关注。Frey 认为两种动机存在拥挤效应，有时候外部动机的增强会削弱和"挤出"内部动机①，意味着外部资源的引入原本试图提高集体行动的可促成性，但有时可能导致相反的情况，因为内在诱因的变化而导致参与人数下降，内部争利。中国扶贫基金会携带资金进入方村，受"经济诱因"排挤效应的影响，反而不愿参与村庄的公共事务，"分利"的想法更甚。而 FFI 用于培秀村的项目资金很少，因此不存在方村那么强烈的经济诱因挤出效应。

信阳乡村建设协作者中心嵌入社区的方式与前两者不同，主要依托社会精英构成的能人网络。"郝堂·茶人家"项目建设前期，协作者中心由抽调的各个地方的大学生组成，此时在村庄的嵌入程度是有限的。本书主要关注的是项目建设后期，大学生村官 HT-N01-JJJ 全职做公益以后，协作者中心联合社区青年社会精英，孵化出社区自组织。然而这种嵌入方式将社区原有权力主体村委会排除在外，在增强自组织内部网络致密性的同时，使村庄分裂为多个相互隔离的关系网络，某种程度上造成乡村社会的撕裂。

二、嵌入过程中地方信任的影响因素

以往关于社会组织的旅游研究通常认为，NGO 是去商品化旅游实践的最佳代表，因为没有追逐利润的驱动，NGO 在地方旅游发展过程中不仅能提供资金技术支持，而且更加注重社区的参与和能力建设，以及旅游交往中的主客互动和目的地环境的保护。② 因为这些特点，社会组织引导的旅游项目也更容易赢得社区的支持和信任。③ 然而，本书中的三类社会组织在嵌入地方的过程

---

① FREY B S. Motivation crowding theory: a survey of empirical evidence [J]. Journal of Economic Surveys, 2001, 15 (5): 589 – 611.

② WEARING S, MCDONALD M, PONTING J. Building a decommodified research paradigm in tourism: the contribution of NGOs [J]. Journal of Sustainable Tourism, 2005, 13 (5): 424 – 439.

③ SCHEYVENS R. Tourism and Poverty Reduction [M]. Cheltenham: Routledge, 2012.

中均遭遇了地方信任危机。

对比案例我们可以发现：

第一，不同类型的社会组织面临的信任危机来源是不同的。自上而下的社会组织中国扶贫基金会的不信任主要来自社区居民，合作型社会组织 FFI 则面临着地方政府和社区的双重不信任，自下而上的信阳乡村建设协作者中心的信任危机主要来自乡村两级权力主体。

第二，身份合法性感知是导致地方政府信任不同的主要原因。合法性的概念意味着被判断为符合某种规则而被承认或者接受，社会现象由于具有合法性才得到承认。① 这种"承认的政治"对于我们理解社会组织的信任差异具有方法论上的借鉴意义。作为国务院扶贫办的下属单位，中国扶贫基金会并不会遭遇 FFI 和协作者中心面临的身份合法性问题，因此地方政府并不会因质疑其身份而产生不信任。对于 FFI 来说，作为具有境外背景的社会组织，与官办社会组织相比身份敏感性更高。尽管通过省林业厅批文和承认获得行政合法性，但政府内部的上下级之间存在明显的差异，使得对社会组织身份的承认空间是有限的。② 郝堂个案中，协作者中心不像基金会和 FFI 背后拥有企业或者境外基金会的资金支持，相对来说，自下而上的社会组织面临着更加艰难的生存困境，公益站挂牌策略行为引发了争论。

第三，社区的信任态度受多方因素的影响。首先，方村案例为"第三方合法性（third party legitimating）是影响信任构建的机制之一"的观点提供了经验证据③，当互动的双方彼此并不熟悉时，往往依赖第三方的声誉。正是因为社区居民对外来组织中国扶贫基金会不了解，没有可供做出信任判断的直接经验，自然依靠二手信息和环境因素来做出信任推论，也就是与江泰县政府互动经历中形成的旅游开发项目感知。受旅游开发项目不信任态度的影响，基金会与部分社区居民之间并未建立起可信赖的互动关系。反而在基金会过于依赖社区政治精英的行为方式，将初始不信任进一步固化。其次，培秀村的案例表明感知的受信者的经济表现和认同影响着信任关系的建立。FFI 进入社区初期，社区表现出欢迎和支持的态度，但随着交往互动逐渐加深，逐渐改变了对

---

① 高丙中. 社会团体的合法性问题 [J]. 中国社会科学, 2000 (2)：100 – 109.

② PAWSON S, D'ARCY P, RICHARDSON S. The value of community – based tourism in Banteay Chhmar, Cambodia [J]. Tourism Geographies, 2016：1 – 20.

③ FREY B S. Motivation crowding theory：a survey of empirical evidence [J]. Journal of Economic Surveys, 2001, 15 (5)：589 – 611.

FFI 的认知。机构的可信赖程度取决于自身的经济表现，在感知不到经济收益的情况下，社区对 FFI 的态度发生了转变。更进一步地，FFI 与社区居民对元宝山核心区的保护价值尚未形成认同，在 FFI 看来，核心区是濒危植物元宝山冷杉生长更新的生境，具有极其重要的保护价值；但是，在村民眼中，对元宝山冷杉的保护与带游客进入核心区观赏冷杉并不冲突。保护与利用的争论、全球准则与地方实践之间的认同分歧导致社区与 FFI 的信任关系走向疏离。

三、社会组织的行为逻辑

经过上述对比分析可以发现，三个社会组织在嵌入地方过程中均面临信任消解的问题，但具体的不信任来源有所不同。中国扶贫基金会的信任危机来自个别村民；FFI 的地方信任从地方政府到社区都经历了由信任到不信任的转变过程；信阳乡村建设协作者中心的信任危机主要来自乡村两级权力主体，却在部分社区居民中建立了信任关系。是什么原因导致了这种地方信任的差异？

鉴于当前旅游研究对社会组织的认知主要从社区参与或者生态旅游等角度论述的，以及反思去商品化研究范式和社区参与的对话需要，本书将关注点置于社区信任，从社区信任切入考察社会组织的行为逻辑。

（一）项目运作逻辑

中国扶贫基金会和 FFI 在社区未能赢得信任，既与社区自身有关，也跟社会组织在社区的行为方式有关。本书将这类社会组织的行为逻辑总结为"项目运作"逻辑。

"项目运作"源于"项目制"。作为新兴的本土概念，项目制是近几年学术界广泛关注的热门话题之一。它指的是 20 世纪 90 年代中期我国进行分税制改革以后，上级政府对下级政府（尤其是中央对地方）在常规财政支出体系之外，以项目专项资金的形式进行财政转移支付的方式，是继单位制之后的一种新的国家治理体制。[①] 在项目实际运作中，财政转移支付并不总是在上下级政府之间纵向流动。政府以项目的形式购买社会服务，项目的承接方变成社会组织，资金分配就超越了政府间的科层体系。本书中的项目制指的就是这种

---

① 折晓叶，陈婴婴. 项目制的分级运作机制和治理逻辑：对"项目进村"案例的社会学分析[J]. 中国社会科学，2011（4）：126－148.

"社会服务项目制"——政府、基金会、企业等资助者外包或资助社会组织承接服务性项目和公益性项目的一种机制。① 社会组织的项目运作逻辑主要表现在事本主义和技术程式两方面。

第一，事本主义是以项目目标为导向，主张就事论事，只在项目实施上触碰社区的技术性表层，即按照既有约定规范完成项目任务。② 事本主义逻辑下的项目被掌握在可控范围内，容易在短时期内达成项目目标，但同时也会导致项目绩效周期短、辐射人群面窄等问题。

一方面，对于中国扶贫基金会来说，"帮助社区成立合作社并让全体村民享受旅游红利"，是基金会在设计"百美村宿"项目之初就确定的基本内核，带有明显的人本主义理想色彩。但在项目的实施过程中，基金会与村民的互动主要依靠社区能人上传下达，将工作重心聚焦于工程建设，这种直接的物质援助（修建文化中心、观景亭、村内道路等）措施，难以形成社区的认同感，只有从制度、规范、主体性等着手，才有可能提高社区的公共管理。③

从组织层面来看，基金会在实施美丽乡村项目过程中，派遣项目主管长期驻扎方村，指导方村旅游开发，希望用三年的时间带动社区脱贫致富的行为，符合志愿精神的长期性、计划性、自愿性、组织性等特征，是一种亲社会行为。但是通过调研发现，组织和项目的公益性并不等同于项目主管个人的公益性。公益项目的表象之下隐藏着项目主管非公益的认知，在这种认知的指引下，项目主管个人也遵从事本主义的行为逻辑，只负责做好工作分内的事，而对项目执行之外的其他事情诸如提高社区居民参与的积极性，如何化解社区内部矛盾、增强社区凝聚力等问题则置之不理，最终也影响方村村民对基金会的信任感知。

另一方面，对于FFI来说，尽管事本主义的表现没有中国扶贫基金会那么明显，但是在嵌入培秀村的过程中依然可以看出事化特征，只关注社区的某一个侧面，对社区本身的了解程度不足，对于社区需求的把握程度有限。④ 正如

① 陈为雷. 社会服务项目制的建构及其影响研究 [M]. 北京：中国社会科学出版社，2015.

② 李祖佩. 项目制的基层解构及其研究拓展：基于某县涉农项目运作的实证分析 [J]. 开放时代，2015（2）：123 - 142.

③ 黄平，王晓毅. 公共性的重建：社区建设的实践与思考 [M]. 北京：社会科学文献出版社，2011.

④ 向静林. 结构分化：当代中国社区治理中的社会组织 [J]. 浙江社会科学，2018（7）：99 - 106.

FFI 项目主管 PX-N01-GYJ 在谈及项目执行时说道:"我们跟村民的接触实际上不多,因为我们有一个很大的考虑是之后你肯定要退出。……我还没有进入村子这个有机体的中间,不了解这个村子是怎么运转的,不了解这个村子的历史文化。"遵循项目运作的社会组织具有很大的流动性,主要关注如何在项目执行周期内完成项目,导致嵌入程度低,浮于社区表面。

　　第二,技术程式描述的是项目实施过程中注重数字化、标准化和工程技术化等形式的现象。① 我们通过基金会 2016 年底的项目总结和 FFI 中国项目部 2017 年的项目进展报告来说明这一点。从表 7 - 2 中可以发现,基金会和 FFI 的项目阶段性总结十分注重呈现项目执行中达到的经济效果和具体的量化指标,数字成为衡量社会组织以及社会组织自我衡量的重要评价标准。而对社区软性建设,如村民主体性和参与意识的调动等不容易量化的内容不太关注。

表 7 - 2　社会组织的项目阶段性总结报告

事项(中国扶贫基金会)	事项(FFI 中国项目部)
民宿:合作社联合村两委选取村中 10 户贫困户,筛选景观和位置好的贫困户进行房屋流转,在保护旧民居外观的前提下打造民宿客栈,目前建了两个民宿示范点	2017 年,元宝山保护区在广西植物研究所的协助下,继续规范化管理苗圃地,管护 45000 株冷杉幼苗
2016 年 3 月,中国扶贫基金会委托贵州西部本土文化传媒有限公司开展《方村文化书》编撰工作	12 月,元宝山保护区工作人员进行回归冷杉幼苗监测,回归的 100 株幼苗中有 8 株幼苗出现发黄迹象。一般来说,第一年回归幼苗成活率都高,此次监测幼苗成活率达 100%
2016 年 5 月,项目完成了一座景观凉亭的建设,目前凉亭已经投入使用;同时完成村中部分鱼塘和坡道的整改	2017 年 5 月,FFI 和当地 7 名社区成员实地考察广西融安县的铜板屯;11 月,在 FFI 的支持下,培秀村村委会、保护区工作人员罗主任 2 名人员一起考察四川的老河沟和黄龙景区,学习当地保护区和社区共同发展生态旅游的模式

　　① 李祖佩. 项目制的基层解构及其研究拓展:基于某县涉农项目运作的实证分析 [J]. 开放时代, 2015 (2):123 - 142.

（续上表）

事项（中国扶贫基金会）	事项（FFI中国项目部）
举办2016年方村高考表彰大会，给2016年马上要入学的方村本科生每人1000元作为奖励资金	7月，由于培秀村进行了村委换届选举，社区共管委员会的主要成员发生变动，这对社区共管会议常规化产生一定影响。元宝山保护区与培秀村共举行3次共管会议，FFI出席3次，共管会议的常规化需要加强
8月8—23日对方村文化中心室内装修与两户旧民居改造项目进行公开招标，确定了室内装修单位	12月社区共管委员会和广西民族大学师生30人合作，在当地开展为期一天的导游理论和室外培训，6名村民参加培训，已基本建立起当地的导游团队
2016年11月7日至21日，选定10人作为培训学员前往桂林龙脊利德民宿酒店参加为期15天的培训，主要进行了前台接待能力培训、客房打扫培训、餐饮培训、礼仪培训等	由FFI支持1000份年历，用于宣传社区共管委员会及元宝山冷杉

项目运作逻辑背离了中国乡土社会的信任建立机制。项目的定义是"为创建独特的产品服务或结果而采取的临时努力"[1]，本身就包含了事本主义的短期性、快速性、流动性等特征。而中国的乡村是一个熟人社会，费孝通在《乡土中国》中曾提道："乡土社会里从熟悉得到信任。……乡土社会的信用并不是对契约的重视，而是发生于对一种行为的规矩熟悉到不假思索时的可靠性。"[2] 熟人社会的信任是基于人际间实质关系的好坏判断的，在社会生活中，人们之间的实际信任度是由初始信任度和人际交往共同决定的，发展与外人之间的相互信任，关系运作是中国人增强信任的主要机制。[3] 因此，通过人际交往建立关系的非制度化信任是决定社会组织能否实现社区嵌入的关键因素。这种非制度化的嵌入逻辑给项目运作的社会组织带来了强烈的冲击，就像中国扶贫基金会在地方政府不良声誉的影响下，并没有在社区中形成初始信任，而后

---

① 渠敬东. 项目制：一种新的国家治理体制［J］. 中国社会科学，2012（5）：113–130.

② 费孝通. 乡土中国［M］. 北京：北京大学出版社，1998.

③ 彭泗清. 信任的建立机制：关系运作与法制手段［J］. 社会学研究，1999（2）：55–68.

又因为项目运作的行为逻辑，阻碍了通过项目主管与村民之间的人际交往建立信任的渠道；对于 FFI 来说也是如此，项目主管不驻村，FFI 与社区之间的交往互动频率低下，项目主管对村庄这个"有机体"不了解，很难嵌入其中。因为熟人社会对关系的依赖、对陌生的排斥，使得项目运作的社会组织在短期内不容易与社区之间建立熟悉和信任，所以社会组织往往在嵌入资源之后，很难继续深入社区内部的关系网络，以及社区制度和非制度文化层面。

（二）在地陪伴逻辑

与中国扶贫基金会和 FFI 这种项目运作的组织相比，信阳乡村建设协作者中心能在郝堂村孵化出社区自组织，唤醒青年社会精英的社区主体性，其行为逻辑被总结为"在地陪伴"。

首先，在地陪伴体现在社会组织的主体在地，即长期的不离场。卢曼曾指出，信任必须在熟悉的世界中获取，对他人的熟悉和了解构成了信任的认知基础，而熟悉是"过去指向"的，只有过去的、经过的事物才是熟悉的，而主体的持续在场是互动双方增进了解、提升熟悉度的基础。

> 我觉得其实我在郝堂的价值应该就是孵化更多的资本，就是社区陪伴。依靠外部的力量比如外部的志愿者，他们毕竟是阶段性的。但是，真正要发挥出村庄的主体性，村民肯定是要自主。因为村两委他是一级政府，几个村干部也不可能把所有的事情都干完，真正要回到社区本身来讲，肯定还是要村民参与，调动村民的主体性、积极性。这些村庄不管怎么样都是跟他们有关的。
>
> 我觉得这是其他村庄可能没有的，或者是对别人来说很有心无力的。有心无力的点在于，他们没有一个长时间陪伴社区的这么一个人或者这么一个机构。比如中国扶贫基金会刘文奎秘书长分享过很多次，说他们很多项目失败的原因就是人走了，项目其实就走了。人带去项目也花了很多的钱，投入了很多，但人走了之后，那些服务设施、修的水利就没有人维护，可能就瘫痪了，所以这个项目其实就失败了。（HT-N01-JJJ）

FFI 以非驻村的形式陪伴培秀村六年，笔者调研时仍有许多村民表示从未听说过该组织；基金会驻村陪伴方村三年，但项目主管"跟村民交流得很少"，基金会与社区之间的信任关系深受地方政府和社区能人等第三方合法性的影响；协作者中心在地陪伴郝堂村八年，与一部分青年群体建立信任合作关系，孵化社区自组织，一定程度上促进了村民主体性和社区公共性的提升。

其次，体现在社会组织的方式在地，即行为方式的动态性，意味着不离场的社会组织在与社区频繁深入的互动中，了解社区居民的需求，并根据社区的需求不断地学习、调整、开创符合社区自身实际的组织或者项目活动。就像协作者中心的负责人 HT-N01-JJJ 在访谈中说的："怎么样去维持村庄生态环境的同时去做村庄发展、村庄的产业？这些东西在不同阶段都有不同的问题。协作者中心其实后来做的主要的事就是社区陪伴。因为每个阶段的问题不一样的话，我们也不可能说能够预见到，有些事可能预见不到。但是，有一个比较清晰的目标或者认知，就是一定要让村民参与到村庄建设里面来。……很多事情在发展过程中觉得是应该的，或者说需要有一个这样的组织来去对接的，它就产生了，也不是我们说提前设计好的，是自然而然（产生的）。因为社区最终还是跟人打交道的，所以它要满足人的需求。"

由此可见，协作者中心工作的方式是在总目标（"一定要让村民参与到村庄建设"）的指导下，并不是像中国扶贫基金会和 FFI 等外来组织进入社区之前便设计好项目的具体方案，而是根据当地的实际需要开展有针对性的活动（"需要就产生了"）。实际上，方式在地是社会组织嵌入乡村熟人社会的过程，也是社会组织内化为社区"自己人"的过程。后来中国学者的实证研究则表明，中国人的信任是一个由"不信任—防信—全信"组成的连续统的差序格局，三种信任状况之间的边界是不清晰的，并且相互之间是可以转化的。① 除了血缘家族关系之外，社会交往关系中所包容的双方之间的情感内涵，同样对中国人之间的信任具有重要的影响。② Lewicki 在研究信任发展阶段时也曾指出，从计算型信任发展到了解型信任乃至认同型信任过程中，频繁和深入的交往是基本途径，只有当个体/组织长时间地与他人持续互动，获得充足的信息之后信任才有可能实现递进发展。③ 协作者中心作为新生的组织以在地陪伴社区的方式，实现了从"不信任—防信"的转化，并且转化后的高层次信任具

① 薛天山. 中国人的信任逻辑 [J]. 伦理学研究，2008（4）：70 – 77.

② 李伟民，梁玉成. 特殊信任与普遍信任：中国人信任的结构与特征 [J]. 社会学研究，2002（3）：11 – 22.

③ LEWICKI R J，BUNKER B B. Trust in relationships：a model of development and decline [M] // BUNKER B B，RUBIN J Z A. Conflict，cooperation，and justice：essay inspired by the work of Morton Deutsch. San Francisco：Jossey-Bass Inc. Publishers，1995：133 – 173.

有相对较强的稳定性，合作的双方相应地也会收获更大的行动效果。

社会组织存在两种行为逻辑的发现，证实了已有研究关于"嵌入社区治理的社会组织结构分化"的观点。学者认为当代中国社区治理中的社会组织存在着结构分化，形成了"浮动的专业社会组织""虚弱的社区社会组织""少量理想社会组织"和"其他类型的社会组织"等并存的基本格局。① 本书中的项目运作逻辑的社会组织与这类"浮动的专业社会组织"如出一辙，而在地陪伴的社会组织类似于前人所指的"社区社会组织"。两种行为逻辑并存，表明嵌入社区旅游发展的社会组织存在着结构分化的局面。

（三）从两种逻辑的矛盾到理论对话

通过上述剖析，可以发现，项目运作和在地陪伴是两种截然不同，甚至相互矛盾的逻辑：项目运作中的项目对于社区来说通常是已经设计好的，完成既定项目即可，在地陪伴的项目是在与社区互动中根据实际需求调整、设置的，在项目之外还关注社区其他公共事务；项目运作寻求的是以短平快的方式实现短期建设而非长效治理，在地陪伴的目的是通过长期陪伴，孵化更多的社区社会资本，提升社区居民的主体性；在项目评估和考核上，项目运作注重可量化的技术程式，而在地陪伴重视村民主体性和社区公共性的重建与提升。

1. 回应旅游去商品化研究范式之争

显而易见，在地陪伴是一种更加可持续的旅游发展方式，更符合以 Wearing 等人为代表的去商品化研究范式阵营的观点。该阵营的研究者持这样一种观点，认为地方政府和旅游企业等主体秉承新自由主义和发展主义的理念，将追求经济利益视为发展的最终目标，不顾旅游给东道主社区带来的负面影响。与之不同的是，社会组织秉持去商品化的理念，关注的是项目执行中的"人"的发展，诸如社区居民可持续旅游发展意识的培养、能力的建设等方面，而非仅仅关注项目本身，强调旅游的价值在于个人成长的经历和社区经济、社会和环境的可持续发展。这显然与本书的发现是不符合的。在将项目运作奉为圭臬的两个外来社会组织参与的村落中，项目的重要性明显是大于"人"的。

造成这种差异的原因在于，中国现实与主导去商品化研究范式背后的美国

---

① 向静林. 结构分化：当代中国社区治理中的社会组织 [J]. 浙江社会科学，2018（7）：99 - 106.

范式的错位，诞生于美国社会的理论思想不符合我国的现实情况。20 世纪七八十年代，发达国家面临着福利国家危机、市场发展危机、环境危机和社会主义危机，以及通信革命和中产阶级革命，促使全球"结社革命"的兴起。① 这四次危机和两次革命性变化使得传统的社会福利政策遭到质疑，现实的困境激发了更多有关经济发展的反思，其中一个结果就是对培育自力更生能力或参与式发展的关注。通过发展项目中弱势群体的积极参与，这种方法取得了显著的产出收益，使人们日益清楚国家作为发展推动者的局限性，开始聚焦于全球社会运作的公民社会组织。② 其中，Salamon 领导的美国"约翰·霍普金斯非营利部门比较研究项目"（Johns Hopkins Comparative Nonprofit Sector Project），通过对发达国家社会组织的现状进行系统的比较研究，得出了一些有意义的结论。③ 以国家和市场为理论标靶，Salamon 等人界定了社会组织的五个特征，即组织性、自治性、非利润分配、私人性和志愿性④，并提出第三方治理理论。此后，社会组织独立于国家和市场之外，具有上述五个特征的认知，逐渐成为当今世界社会组织研究的主导模式，即"美国范式"。⑤

　　基于美国范式，包括旅游学在内的众多学科领域的研究者从社会组织的第三方特性出发，探讨其不同于国家和市场的行为表现，进一步固化了人们对社会组织的已有认知，形成了一套关于社会组织的迷思，其核心观点是：①社会组织比政府更有效率、更注重创新；②与私人部门相比，社会组织更关心人们的社会福利，因为其行为不是由个人利益驱动的。总的来说，社会组织采取的行动普遍都是好的（universally good）。⑥ 针对这种理论偏见，Salamon 在后来的反思中将这种认知称为"纯美德迷思（the myth of pure virtue）"，指出"近

　　① SALAMON L M. The rise of the non-profit sector [J]. Foreign Affairs, 1994, 73 (4): 109 – 122.

　　② 莱斯特·M. 萨拉蒙. 全球公民社会 [M]. 贾西津，魏玉，译. 北京：社会科学文献出版社，2002.

　　③ SALAMON L M. Partners in public service: government-nonprofit relations in the modern welfare state [M]. Baltimore: Johns Hopkins University Press, 1995.

　　④ SALAMON L M, ANHEIER H K. In search of the non-profit sector. I: the question of definitions [J]. Voluntas: International Journal of Voluntary and Nonprofit Organizations, 1992, 3 (2): 125 – 151.

　　⑤ EVERS A, LAVILLE J. The third sector in Europe [M]. Cheltenham: Edward Elgar Publishing, 2004.

　　⑥ Carson E D. The seven deadly myths of the U. S. nonprofit sector: implications for promoting social justice worldwide [M] //: Hamilton C V. Beyond racism: race and inequality in Brazil, South Africa, and the United States. London: Lynne Rienner Publishers, 2001.

年来，非政府部门作为一种值得信赖和灵活的工具，在人类对自我表达、自助、参与、响应和互助的渴望中得到了发展并占据着突出位置。扎根于宗教和道德教义，这一部门通常被认为往往具有圣洁的自我认知和人格，其内在的纯洁、独特的美德，以及在人们生活中产生重大变化的能力，都是某种浪漫主义的结果"。在不否认这种形象基本成立的情况下，认识到这些机构的其他方面也是非常重要的，比如作为组织，NGO 随着组织规模和内部复杂性的增长，容易受到官僚制度的影响，变得反应迟钝、烦琐和常规化，并且社会组织在世界各地都有着特有的历史根源，研究者应当承认其与国家传统之间的深刻关系。①

旅游研究中的去商品化研究范式显然深受美国范式的影响，在"纯美德迷思"之下，将社会组织视为旅游中"最佳"实践（"best"practice）的守门人和范例标准，因此得到游客和东道主社区的信任，与东道主社区之间保持着亲密的互动关系。② 这种认知也成为国内旅游研究的主流观点，然而却未必符合我国的现实（见图 7-1）。

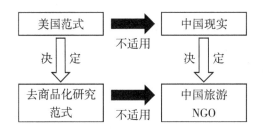

图 7-1 去商品化研究范式与中国旅游 NGO 的关系

因此，面对西方话语主导旅游社会组织认知，呈现"一言堂"的局面，研究者需要以实践逻辑和价值理性为支撑，扎根当代中国的旅游发展实践，提出基于中国经验的概念和理论，为世界旅游学术创新贡献中国智慧。同时，鉴于社会组织与各国社会传统之间具有特殊的深刻关系，研究者需要审慎地看待

---

① Salamon L M. Partners in public service: government – nonprofit relations in the modern welfare state [M]. Baltimore: Johns Hopkins University Press, 1995.

② MENSAH E A, AGYEIWAAH E, DIMACHE A O. Will their absence make a difference? the role of local volunteer NGOs in home-stay intermediation in Ghana's Garden City [J]. International Journal of Tourism Cities, 2017, 3 (1): 69-86.

美国范式主导的旅游去商品化范式：第一，在现实语境下，社会组织也未必是最佳旅游实践的代表，在嵌入地方的过程中也并不会天然地赢得地方政府和社区的信任与支持；第二，当研究者说社会组织是去商品化旅游实践的最佳代表时，其所指的是在地陪伴式的社会组织，这种类型的 NGO 更加符合去商品化研究范式，但这并不是现实语境下的唯一类型。

2. 再议社会组织在社区参与中的作用

已有研究认为在促进社区旅游发展的过程中，需要引入以社会组织、行业协会、专家学者等为代表的第三方力量的参与。因为这些力量不仅可以扶助相对弱势的社区，是社区居民参与能力提升的重要外部推动力，还可以为政府提供咨询和服务，为政府在社区参与方面的科学决策保驾护航。[①]

本书通过对旅游发展中社会组织的嵌入行为进行研究，证实了这一观点。

社会组织的确在扶助相对弱势的社区上发挥着重要作用。三类社会组织的嵌入均给社区带来了众多的外部资源，如资金、知识和技能等，提高了社区的桥接型社会资本。此外，在以往研究的基础上，本书进一步发现，与项目运作的社会组织相比，在地陪伴的行为逻辑更契合熟人社会的现实语境，在地陪伴是社会组织逐渐与社区建立熟人关系的过程，使得这种类型的社会组织更容易赢得社区信任，在社区的嵌入程度更深，对社区的影响也相应更大。NGO 通过在地陪伴促进了本土社会精英参与意识的萌发，受其影响，本土精英反向建立了社区自组织，营造了社区参与的空间。

然而，自下而上的在地陪伴的社会组织在资源供给、旅游发展、社区治理等专业性程度方面，不如项目运作的组织能力强。因此，未来社会组织在嵌入社区旅游发展中，应该采取两种行为逻辑结合的方式。也就是说，项目运作的社会组织嵌入地方之后，应着手培育在地陪伴的社会组织，通过项目运作社会组织对接外部资源、提供资源，在地陪伴社会组织长期不离场，唤醒社区精英，孵化社区自组织，实现社区主体性的提升和乡村振兴。

---

① 孙九霞. 旅游人类学的社区旅游与社区参与［M］. 北京：商务印书馆，2009：299 – 305.

第八章　结论与讨论

一、研究结论

（一）社会组织在进入乡村旅游地时借助地方多元权力结构，政府权威和社区精英网络在其中发挥着重要作用

社会组织的地方嵌入首先需要获得地方政府的行政许可，往往主动借助行政权力通过行政体系的运作以谋求合法性。具体来说，依赖业务主管单位的政府内部垂直管理系统，从上至下地层层沟通。中国扶贫基金会依托业务主管单位国务院扶贫办选择项目地，FFI 中国项目部在广西壮族自治区林业厅的支持下进入融水县，而信阳乡村建设协作者中心也在嵌入地方的过程中受到业务主管单位平桥区科技局的关照。

在社区，社会组织通过不同类型的社区精英关系网络开展工作。中国扶贫基金会和 FFI 都是依托社区政治精英的强人网络嵌入社区，却给社区带来了不同的影响。与 FFI 相比，中国扶贫基金会携带大量的项目援助资金进村，项目主管与社区政治精英交往密切，加之方村初始社区社会资本存量较低，最终导致社区的分化。这个结果与郝堂村的情况相似，但是两个社会组织的社区嵌入方式却是不同的。协作者中心并没有依托强人网络，而是聚合部分返乡创业青年，凭借这些社会精英的能人网络开展社区工作。然而这种嵌入方式并没有与社区原有权力主体村委会进行很好的结合，在增强社区自组织内部网络致密性的同时，使村庄分裂为多个相互隔离的关系网络，某种程度上也造成了乡村社会的撕裂。

（二）除了提升社区桥接型社会资本以外，社会组织在乡村旅游中的独特作用体现在通过社区陪伴和精英唤醒促进乡村自组织能力的发展

社会组织在乡村旅游中扮演着两方面的角色：对外桥接资源、对内社区陪伴，两者共同构成了社会组织的独特性。

无论是自上而下、自下而上抑或合作型的社会组织，都充当了社区与外部世界之间的"桥"，通过引入外来资金和人才，给社区提供培训和考察机会等方式，为乡村旅游发展提供资金、技术、人才和理念支持，在提升社区桥接型社会资本方面起到了重要作用。

已有研究发现，与地方政府、旅游企业等利益相关者相比，社会组织的独特作用在于促进社区参与。在如何促进参与的问题上，本书进一步发现社会组织与社区参与之间还有"隐蔽的一环"尚未被识别，即社区陪伴和精英唤醒。社会组织参与旅游规划与开发是一种在地陪伴式旅游建设，表现在社会组织的长期在场，通过发掘少数关心公共事务的社区精英，促进关键群体的觉醒进而推动乡村自组织能力的提升和集体行动的达成。

（三）乡村旅游发展中的社会组织存在着结构分化的项目运作和在地陪伴两种行为逻辑

不同社会组织的旅游实践遵循着不同的行为逻辑，本书将其概括为项目运作逻辑和在地陪伴逻辑。前者主要具有事本主义和技术程式两个特点，在乡村旅游实践中，遵循这类逻辑的社会组织倾向于以项目目标为导向，以直接的经济效果和具体的量化指标作为项目评估标准，追求在项目执行周期内完成既定目标，对社区内部缺少必要的了解，对项目执行之外的其他事情并不关心。

在地陪伴逻辑具有主体在地和方式在地两个特点。遵循这种逻辑的社会组织长期不离场，陪伴见证社区的发展和成长，并且在这个过程中，与社区进行频繁深入的互动，根据社区的需求不断地调整和设计符合社区自身实际的组织或者项目活动。社会组织的在地是嵌入乡村熟人社会，将自己内化为社区"自己人"的过程，这种内化是与社区建立"关系"进而构建信任的基石。

项目运作和在地陪伴两种逻辑之间具有内在矛盾性。从这一点上来说，与西方对社会组织认知不同的是，在现实语境下，社会组织也未必是最佳旅游实践的代表，在嵌入地方的过程中也并不会天然地赢得地方政府和社区的信任与

支持。

（四）项目运作逻辑背离了中国乡土社会的信任建立机制，容易导致社会组织在资源嵌入之外，难以深入社区的网络嵌入和制度嵌入层面

中国乡土社会的信任是一种依靠关系的亲疏远近建立的特殊主义信任。在社会生活中，人们之间的实际信任度是由初始信任和人际交往共同决定的。因而，除了初始信任之外，主体之间交往互动的频率和深度，对另一方感知可信度的大小具有重要影响。项目运作逻辑背离了这种信任的建立机制，与在地陪伴的社会组织相比，更容易从乡村脱嵌。项目运作的社会组织在项目执行期间与社区的交往互动频率低下，对社区了解程度不足，短期内项目主管难以嵌入乡村熟人社会。而熟人社会对关系的依赖、对陌生的排斥，使得项目运作的社会组织在短期不容易与社区之间建立熟悉和信任。因此，遵循项目运作逻辑的社会组织往往在资源嵌入层面触及社区主体，难以深入网络嵌入和制度嵌入层面。

（五）社会组织在乡村旅游地的实践受合法性感知、收益感知、在地化程度等多方因素的影响

身份合法性是决定地方政府对社会组织信任态度的关键因素。自上而下嵌入地方的中国扶贫基金会不存在身份合法性困境，因其特殊的组织背景反而会获得地方政府的协助与支持。合作型的 FFI 通过在南宁市工商局注册获得法律合法性，在广西壮族自治区林业厅的支持下拥有上级地方政府的行政合法性，但因为境外背景的敏感身份，使得下级政府对其身份的承认空间是有限的。自下而上的社会组织的身份合法性困境往往源于自身的行为，在郝堂村个案中，公益站性质的争论影响了社会组织的旅游实践。

对于自上而下嵌入地方的社会组织来说，很多村民并不了解组织，不具备构建信任的直接经验，二手信息和环境因素成为影响初始信任的重要因素，第三方合法性是影响信任构建的机制之一。交往中感知的旅游收益和感知的社会组织的经济表现也决定着社会组织的可信度。方村村民因旅游合作社没有收益而不愿加入；FFI 在培秀村的境遇经历了从支持欢迎到漠视规避的转变，感知的收益和 FFI 的经济表现起到了主要作用。

社会组织的在地化程度是影响乡村旅游实践的另一重要因素，可以从熟悉

度和契合度两方面来理解。熟悉度衡量社会组织在社区的在地时长和与居民之间的互动深度,长时间与居民交往,增加彼此的熟悉度,是信任建立的基础;契合度指社会组织在社区的行为是否符合社区传统文化和地方实践,是否从当地人的角度理解问题,并以当地人可接受的方式解决问题。中国扶贫基金会在方村征用文化中心土地的过程中,触犯了部分村民的"放生塘"文化信仰,所以会遭到抵制;FFI从科学价值出发试图将禁止进入元宝山核心区纳入村规民约,与村民传统的林下采集、放牧行为有冲突,并未被采纳。

二、研究贡献

(一) 拓展对利益相关者的认知

以往的研究多认为社会组织是旅游发展中重要的利益相关者之一,相关研究成果散见于社区参与、可持续旅游等主题的文章中,而对社会组织的介入方式、互动过程、行为逻辑和实践效果缺少专门深入的探讨,尤其是非西方语境下的社会组织。本书正是基于这一研究不足,关注社会组织的旅游实践过程,一定程度上拓展了已有研究对利益相关者的认知。这是重要的,因为旅游发展不是在真空中进行的,而是受不同利益相关者的利益诉求和博弈关系的影响。社会组织引导的旅游通常被认为是符合长远利益的、可持续的旅游模式,梳理其与旅游目的地其他行动主体之间的关系,有利于实现旅游开发中利益相关者之间的利益均衡,促进旅游目的地的善治和良性发展。

(二) 基于中国经验反思旅游中社会组织研究的价值取向

受西方社会组织"纯美德迷思"认知的影响,旅游社会组织的研究存在一种浪漫化的倾向。已有研究多遵循主体研究路径的分析逻辑,即按照"行为—角色—行动者"的逻辑链条,将社会组织的行为分析视为理解他们在旅游发展中角色与作用的一种途径,而行为内在的张力及其生成的复杂过程被简化,行为背后所嵌入的关系网络、制度、社会文化等因素被忽视。本书在梳理社会组织具体行为的基础上,进一步分析行动产生的逻辑,根据项目运作和在地陪伴两种不同的行为逻辑,将中国旅游语境下的社会组织划分为两种类型,有助于全面认清社会组织在旅游中的角色和作用,为旅游中的社会组织认知贡献中国案例和经验,同时为社区参与旅游、可持续旅游发展研究提供启发。

（三）回应社会组织在社区参与理论中的作用

社区参与理论认为社会组织在社区参与中能够扶助相对弱势的社区，以及为政府提供咨询和服务。本书证实了这一结论，认为社会组织在扶助弱势社区上，主要通过桥接资源和在地陪伴两种方式。并在此基础上进一步发现，与项目运作的社会组织相比，在地陪伴的行为逻辑更契合熟人社会的现实语境。这一发现是不仅对社区参与理论的一种佐证，也是一种重要补充和推进。

（四）提出双重嵌入的分析框架丰富社会组织的嵌入研究

除了旅游研究的意义之外，本书对社会组织的信任认知也具有一定的推进作用。对社会组织的信任研究集中在其与政府之间的信任关系，以及公众信任的探讨上，而从受益者的角度出发揭示社会组织与受益地方之间信任关系的研究是不足的。然而，在实际的项目运作中，受益地方并不会因为受益者的身份就对社会组织持信任态度，本书提出了双重嵌入的分析框架，丰富了社会组织的嵌入研究。

三、讨论与展望

社会组织介入对社区社会资本的影响是值得进一步关注的话题。普特南认为社会组织能够通过个体之间的合作与互动，培养信任、规范和"集体努力的共享责任感"，进而促使社会资本的产生。① 但是，根据本书的发现，社会组织在促进社区桥接型社会资本提升上起到积极作用，却并不一定带来联结型社会资本的增长，联结型社会资本存量能否提升与社会组织的执行方式有很大关系。在项目运作逻辑下，为村庄挹注过多外部资金的社会组织可能会加速社区的分化。已有学者的研究表明，项目制运作具有明显的"马太效应"，导致村庄之间"富者愈富，穷者愈穷"的分化。②

结合本书的三个案例，如果按照介入程度和介入资金两个维度，将社会组织嵌入社区的情况分为四类（见图 8-1）：第一类指介入程度深、介入资金多

① 罗伯特·普特南. 独自打保龄球：美国社区的衰落与复兴 [M] 刘波，等，译. 北京大学出版社，2011.

② 叶敏，李宽. 资源下乡、项目制与村庄间分化 [J]. 甘肃行政学院学报，2014（2）：14-21.

的社会组织，对于村庄来说是一种比较理想的介入模式；第二类指介入程度深、介入资金少的社会组织，郝堂村案例类似于这一种状态，能够通过村庄公共事务的参与，提高社区社会资本的存量；第三类指介入程度浅、介入资金少的社会组织，近似于 FFI 在培秀村的状态，这种类型的社会组织往往号召力偏弱，调动不起村民的参与积极性，从而很难对社区社会资本产生影响；第四类指介入资金多但介入程度相对较浅的社会组织，可以将中国扶贫基金会在方村的状态归为这一类，基金会的介入使得原本社会资本存量不高的方村社会资本变得更低。

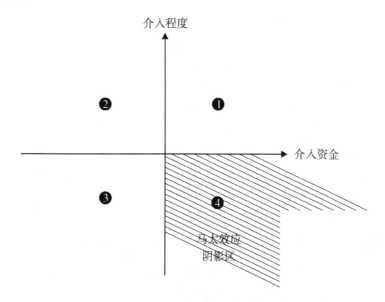

图 8−1　社会组织介入模式的类型划分

由此，可以推导出一个大胆假设：当社会组织介入资金较多，但介入程度较浅的情况下，社会组织的介入对于社区社会资本来说是否存在着马太效应？换句话说，即存在着马太效应阴影区，社区原社会资本存量越高，即使社会组织介入程度较浅，社区也会更加团结；如果社区原社会资本存量很低，社会组织携带资金介入后，如果不深入改变社区，那么反而会导致社区更加分裂。然而，介入程度和介入资金多寡程度的界定，以及佐证案例的找寻和论证都需要进一步的严谨思考和设计。

附　　录

附录一　访谈对象一览表

序号	编号	年龄	性别	身份	备注
			方村访谈对象信息汇总		
1	FP-N01-CMM	26	男	基金会驻村项目主管	访谈两次
2	FP-N01-CZR	40	男	基金会驻成都办事处主任	
3	FP-R01-YZS	62	男	村支书	访谈两次
4	FP-R02-YJ	28	女	村民、开小卖部	
5	FP-R03-ZG	25	男	村民、开小卖部	
6	FP-R04-ZZF	48	男	红豆杉房子租给合作社	
7	FP-R06-SDJ	38	女	村民、循美公司员工	
8	FP-R07-ZWG	55	男	台湾杉房子租给合作社	
9	FP-R08-WZW	62	男	国家非遗文化木鼓舞传承人	访谈两次
10	FP-R09-WDX	35	男	合作社理事长	访谈三次
11	FP-R10-TSC	58	男	国家级芦笙制作技艺非遗传承人、木匠	
12	FP-R11-TJH	22	女	村民、参加合作社旅游培训	
13	FP-R12-ZJW	45	男	村主任	
14	FP-R13-TGW	38	男	二组组长	
15	FP-R14-ZWS	32	男	村文书	

（续上表）

序号	编号	年龄	性别	身份	备注
16	FP-R15-ZHH	19	女	村里大学生	
17	FP-R16-ZC	42	男	村民、摄影爱好者	
18	FP-R17-ZQ	35	男	黑毛猪养殖户	
19	FP-R18-ZMT	58	男	合作社理事会成员	
20	FP-R19-ZMH	65	男	5组组长、合作社社员代表	
21	FP-R20-TZY	62	男	10组组长、合作理事会成员	
22	FP-R21-YTH	60	男	合作社社员代表	
23	FP-R22-YGZ	31	男	合作社监事会成员	
24	FP-R23-LXY	—	女	音乐教师	微信访谈
25	FP-R24-TZD	30	男	村民	反对征地
26	FP-R25-TXG	38	男	村民	
27	FP-R26-ZXC	50	男	合作社监事长	
28	FP-G01-YCR	33	男	县委政法委驻村扶贫干部	访谈两次
29	FP-G02-YZZ	35	男	召坊镇对接方村干部	
30	FP-G03-ZZR	40	男	县扶贫办中药办主任	
31	FP-G04-ZK	35	男	县委政法委副书记	
32	FP-G05-SSJ	50	男	县委政法委驻村扶贫干部	
33	FP-C01-ST	20	男	循美公司员工	
34	FP-C02-XZ	36	男	循美公司管理人员	
35	FP-T01-YLS	—	女	上海游客	
36	FP-T02-WLS	—	女	郑州游客	

培秀村访谈对象信息汇总

序号	编号	年龄	性别	身份	备注
1	PX-R01-JZW	35	女	村支书	
2	PX-R02-MXF	38	男	晓峰客栈老板	

（续上表）

序号	编号	年龄	性别	身份	备注
3	PX-R04-LFJ	32	男	普通村民	
4	PX-R05-LJ	36	男	普通村民	
5	PX-R06-LCB	约35	男	村副主任	
6	PX-R07-HJS	—	男	上一届村支书	电话访谈
7	PX-R08-LZC	57	男	社区巡护员	
8	PX-R09-MYZ	50	男	野人瀑度假村老板、社区共管会成员	
9	PX-R10-LXY	24	女	普通村民	
10	PX-R11-HGW	63	男	护林员＋共管会成员	
11	PX-R12-HLJ	25	男	普通村民	
12	PX-R13-JDJ	40	男	培秀村接待处老板娘	
13	PX-R14-MMQ	65	男	社区共管会成员	
14	PX-R15-LP	33	男	上一届村主任	
15	PX-R16-HDS	48	男	普通村民	南西屯
16	PX-R18-MJ	19	男	大学生	
17	PX-R19-MYM	20	男	大学生	
18	PX-R20-MYS	59	男	社区共管会成员	
19	PX-C01-XC	24	女	油茶店老板	三江县人
20	PX-G01-LZX	33	男	安太乡人大主席	
21	PX-G02-LDM	32	男	保护区管理处副处长	
22	PX-G03-LLM	36	女	融水县旅游局办公室副主任	
23	PX-G04-HZR	38	男	融水县林业局办公室主任	
24	PX-N01-GYJ	28	女	FFI 项目主管	电话访谈两次
25	PX-N02-ZLS	—	男	FFI 项目顾问	微信访谈
26	PX-T01-WG	—	男	柳州游客	
27	PX-T03-CDS	—	男	广州游客	

（续上表）

序号	编号	年龄	性别	身份	备注
				郝堂村访谈对象信息汇总	
1	HT-R01-HZR	32	女	村妇女主任	
2	HT-R02-HKZ	53	男	郝客栈老板	2017年其妻子返乡经营客栈，访谈两次
3	HT-N01-JJJ	36	女	协作者中心法人	访谈四次
4	HT-R03-YDH	46	男	乡里乡味老板、互助社发起人之一	2011年夫妻俩同时返乡
5	HT-C01-WL	23	女	中国乡建院员工	
6	HT-R04-LCX	39	男	青年志愿服务队队长、四成菜馆老板	2011年返乡，访谈两次
7	HT-R06-CW	33	女	永乐客栈老板娘	
8	HT-R07-XNN	87	女	互助社成员、黄塆组居民	
9	HT-R08-ZDW	35	男	郝客栈、超市老板	与R02的客栈同名
10	HT-R09-SLH	32	男	山里红客栈老板、志愿者服务队成员	
11	HT-N02-MJ	40	女	协作者中心志愿者	郑州人，下乡养儿
12	HT-R10-CZH	50	男	村支书	
13	HT-N03-ZLS	55	女	图书馆志愿者、志愿者服务队成员	信阳市人
14	HT-R11-HJ	62	女	前村主任、互助社理事长	
15	HT-R12-CY	48	女	乡村旅馆老板	
16	HT-R13-ZCN	27	男	互助社出纳	
17	HT-G01-ZJ	26	女	五里镇政府工作人员、郝堂村村民	
18	HT-G04-CS	28	女	五里镇政府工作人员	

附录二　访谈提纲

一、村委会

1. 社会组织介入的详细过程是怎样的？（时间、背景、人物、具体的时间节点及事件）

2. 如何评价社会组织的这些作为？

3. 村庄旅游模式是怎样的？有没有村集体经济？如何分红？

4. 村里除了村委会之外，还有没有其他组织（包括本村自组织或者其他外来的组织）？如果有，组织的名称、成立/介入的时间和原因、成员、开展的活动。

5. 普通村民会跟这些组织互动吗？什么情况下会进行互动？

6. 这些组织是否曾帮助村里跟地方政府沟通？如果有，请举例说明。

7. 这些组织是否加强了村里跟外面的社会组织/公司之间的合作？如果有，请举例说明。

8. 社会组织嵌入之后，村民之间的邻里关系有没有发生变化？如果有，请举例说明。为什么会产生这种变化？

9. 社会组织到来之前和之后，村民参与村内公共事务的态度是否有变化？请举例。

10. 社会组织有没有为村庄制定过什么规章制度？如果有，是什么？如何看待这些制度的？村民是否认可遵守？为什么？

二、社会组织成员

1. 组织自身状况。（成立的背景、时间、发展过程、组织架构等）

2. 项目概况。（项目背景、时间、经费来源、项目考核标准、选点过程、进驻过程、下一步计划）

3. 在村庄进行了哪些活动？效果如何？村民如何评价你们？

4. 跟村两委、普通村民交往的感受如何？

5. 什么情况下需要与县乡政府互动？请举例。

6. 互动后的感受如何？如何评价与他们的关系？

7. 项目实施过程中最大的困难是什么？为什么？

8. 你如何看待自己在村庄的所作所为？

三、社区自组织成员

1. 什么时候成立的这个组织？为什么要成立这个组织？成员有谁？

2. 你是什么时候加入的？为什么要加入这个组织？有没有什么组织章程是需要遵守的？如果有，这个章程是谁定的，为什么要这么规定？大家是否遵守？是否认同这个章程？为什么？

3. 成立之后，你为村里做过些什么？请举例。

4. 其他村民是如何评价你们的？

5. 加入这个组织，你自己感觉如何？

四、普通村民

1. 是否有听说过××社会组织？如果有，如何得知的？他们在村子里做了什么？

2. 如何评价他们在村里的所作所为？

3. 你是否与该社会组织有过接触？如果有，请举例。

4. 是否曾经参与过村里公共事务的讨论？如果有，请举例。

五、乡镇政府

1. 介绍社会组织进驻的过程。

2. 乡政府在什么情况下与该组织交往？请举例。

3. 如何评价该组织在村庄的行为？

4. 村委会与该组织是一种什么关系？

六、县政府

1. 社会组织是如何嵌入村庄的？为什么会选择该村作为项目点？

2. 县政府在项目执行中起到什么作用？

3. 如何评价该组织在村子中的行为？

附录三　元宝山保护区森林自然资源共管计划

第一部分：森林自然资源共管合作备忘录

社区参与方：融水县安太乡培秀村（以下简称"培秀村"）

保护区参与方：元宝山国家级自然保护区（以下简称"元宝山保护区"）

其他参与方：野生动植物保护国际中国项目（以下简称"FFI"）

一、共管目标

元宝山保护区与培秀村加强沟通与合作，提高培秀村村民的森林资源保护意识，减少和监督对元宝山保护区内森林环境的干扰与破坏等行为，并促进保护区核心区的自然生态恢复。

提高培秀村村民在自然资源利用上的获益，同时推动元宝山保护区森林自然资源（尤其是元宝山冷杉）的有效保护与管理，与元宝山保护区达成一致的森林自然资源保护与可持续利用的规范及共管计划。

二、社区自然资源共管内容

1. 在各方合作伙伴的支持下，培秀村村民在不影响森林资源可持续再生的前提和技术规范下，在保护区实验区以下区域适量采集本地土特产，如竹笋、石岩茶、水苔、石围、黄姜等利用价值高的本地林下自然资源，用于发展生产，实现对森林资源的共同管理。

2. 在与元宝山保护区协商后，培秀村村民在不影响森林资源、不违反保护区管理条例的前提下，严格遵循生态旅游的技术规范和指导，在元宝山保护区的实验区及以下生活区开展生态旅游相关活动。

3. 在元宝山保护区的技术指导和支持下，培秀村村民参与协助保护区开展社区巡护监测，在实验区及培秀村生活区域开展护林监督，成立村级护林巡护队，对林下资源的可持续利用活动进行监督，对森林的干扰和破坏行为、游客行为进行监督。

4. 元宝山保护区和培秀村共同开展针对全体村民的保护宣传活动，元宝山自然保护区提供宣传经费与宣传材料，并由培秀村将保护区管理条例相关内容纳入培秀村村规民约中，从而规范全体村民行为。

三、各方的角色

为促进社区共管的顺利进行，社区共管参与各方均承担了重要的角色，其中：培秀村为社区共管各项活动的实施主体和具体的执行方；元宝山保护区为社区共管活动的资助方与实施方；FFI 为社区共管活动的资助方、技术支持方与协调者。

四、社区共管中的各方职责权利

社区共管参与各方本着平等互利、互相支持、共同推进的原则，为促进元宝山保护区内森林资源的保护，实现保护区与周边社区生计和谐发展，并为今后以此项目为契机建立长期合作关系奠定坚实的基础。

经社区共管参与各方友好协商达成以下共识：

（一）培秀村的职责与权利

1. 培秀村的职责

（1）与元宝山保护区及 FFI 组建起社区共管委员会，定期组织社区共管会议，与元宝山保护区共同制定社区共管委员会章程及制度，并不断进行完善。

（2）遵守元宝山自然保护区管理处相关规定，不进入保护区核心区（绝对保护区,）开展自然资源的采集等人为活动。

（3）带领培秀村村民与元宝山自然保护区共同制定元宝山林下资源可持续利用技术行为规范，开展自然资源可持续保护与利用，以及生态旅游等活动提高社区生计。

（4）加大对培秀村全体村民的保护宣传力度，向全体村民宣传保护元宝山及其森林资源的意义。

（5）将保护森林资源、保护林下产品、可持续利用自然资源等内容纳入培秀村村规民约中，进一步规范培秀村全体村民行为。

（6）参与元宝山自然保护区组织的森林巡护监测培训，监督外来人员进入元宝山的破坏行为，减少人为活动对森林资源的干扰。

2. 培秀村的权利

（1）培秀村有权向元宝山保护区及 FFI 要求免费提供林下产品采集技术培训、生态旅游及接待培训及山林巡护监测培训等技术指导与支持。

（2）如果其他各方的行动对培秀村村民的生产生活造成负面的社会经济影响，培秀村有权向其他各方提出申诉，并要求其他各方在 15 个工作日内予以纠正，否则培秀村有权利终止社区共管合作备忘录。

（3）培秀村有权利根据实际情况，对社区共管活动提出建议，例如，林下产品的选择、生态旅游的开发、社区宣传活动的方案等。

（4）培秀村有权为本村社区生计发展自筹部分资金或寻找更多项目与资金支持。

（二）元宝山保护区的职责与权利

1. 元宝山保护区的职责

（1）依据《中华人民共和国自然保护区条例》《森林和野生动物类型自然保护区管理办法》《广西壮族自治区森林和野生动物类型自然保护管理条例》履行自然保护区管理职责，开展保护区内的全面工作。

（2）作为社区共管委员会成员，与培秀村共同制定社区共管委员会章程及制度，并进行不断完善。

（3）开展与元宝山自然资源保护与管理条例的宣传活动，并与培秀村村委举办的活动相融合，使培秀村村民保护意识与知识得到提升。

（4）免费为培秀村提供森林资源的可持续保护与利用、生态旅游和接待的指南及技术培训，与培秀村共同制定元宝山林下资源可持续利用技术行为规范，促进培秀村社区生计的发展。

（5）积极寻找外部资源，组织村民到外部学习和考察交流。

（6）开展森林资源巡护监测技术培训，指导培秀村参与森林资源的巡护与监测，提高培秀村村民参与保护和巡护监测的能力，协助培秀村开展巡护监督工作。

（7）为培秀村森林资源社区共管提供部分管理及活动资金，同时寻找更多的外部资源及项目资金支持。

2. 元宝山保护区的权利

（1）元宝山保护区有权监督培秀村村民在保护区内开展的森林资源利用、生态旅游等相关活动符合《中华人民共和国自然保护区条例》《森林和野生动物类型自然保护区管理办法》的管理要求。

（2）元宝山保护区有权利敦促和指导培秀村按照本合作备忘录的约定，为试点项目提供支持，包括培秀村具体执行林下产品采集以及生态旅游等活动。

（3）在不危害元宝山森林资源保护的前提下，如培秀村提出新的林下产品利用方法或者建议，元宝山保护区应及时与相关专家联系确认其可行性，并反馈给其他各方。

（4）元宝山保护区有权在培秀村自愿同意的基础上，使用从培秀村收集的信息用于报告和宣传。

（三）FFI 的职责与权利

1. FFI 的职责

（1）作为社区共管委员会成员，协助元宝山保护区及培秀村共同制定社区共管委员会章程及制度，并进行不断完善。

（2）开展与元宝山自然资源保护与管理条例的宣传活动，并与培秀村村委举办的活动相融合，使培秀村村民保护意识与知识得到提升。

（3）为元宝山保护区森林资源共管提供外部专家的支持与资源，协助元宝山保护区开展各项技术培训及宣传工作。

（4）为社区森林资源社区共管提供部分管理及活动资金，同时寻找更多的外部资源及项目资金支持。

2. FFI 的权利

FFI 有权在培秀村自愿同意的基础上，使用从培秀村收集的信息用于报告和宣传。

五、社区共管委员会会议制度

培秀村内部管理委员会每月至少开展一次会议，全体管理委员会成员每季度至少开展一次会议，如遇特殊情况则随时开展会议。

六、经费使用制度

（1）社区共管委员会日常管理及开展活动所需经费由元宝山保护区进行管理，在委员会组织活动向元宝山保护区申请后使用经费。

（2）在项目活动中，保护区提供部分资金和技术支持，村民自筹部分资金，劳动力投入风险共担，利益共享。

七、各方的其他约定

（1）社区共管委员会的各项决策与活动均需全体委员会成员协商讨论一致后决定，基本原则需符合社区共管目标。

（2）如社区共管参与各方在本合作备忘录范围内发生纠纷，应本着互信互利、互相尊重的态度，尽量协商解决。

（3）社区共管合作备忘录有效时间为一年，以后视具体情况逐年签订，未经共管三方同意，任何一方不得更改共管合作备忘录。

（4）本合作备忘录未尽事宜，经共管各方协商解决。

（5）本合作备忘录自共管各方签字之日起生效。

（6）本合作备忘录一式三份，共管方各存一份，具有同等法律效力。

社区参与方：融水县安太乡培秀村

保护区参与方：元宝山国家级自然保护区

其他参与方：野生动植物保护国际FFI

二零一五年　月　日

第二部分：社区森林资源共管实施计划

一、元宝山自然保护区培秀村社区共管委员会工作计划

主要内容：日常月度与季度委员会会议，管理委员会管理制度确定，各类技术培训，外出交流考察学习活动，保护宣传活动，其他有利于社区发展与森林资源保护的活动。

表1　元宝山保护区培秀村社区共管工作计划

具体活动	2014年		2015年			
	11月	12月	第一季度（1—3月）	第二季度（4—6月）	第三季度（7—9月）	第四季度（10—12月）
社区共管委员会季度会议		√	√	√	√	√
共管委员会及相关制度的建立/修订	√					
社区共管知识培训	√	√				
社区共管会议（管理机制—执行、监督、反馈）	√	√	√	√		√
生态旅游社区向导培训及旅游接待培训			√	√		
各类实用技术培训［林下产品的可持续利用，如重阳笋（火烧笋）、石岩茶、水苔、野田七、石围、黄姜等］，并制定技术规范			√	√		
外出参观考察交流				√	√	

（续上表）

具体活动	2014 年		2015 年			
	11 月	12 月	第一季度 （1—3 月）	第二季度 （4—6 月）	第三季度 （7—9 月）	第四季度 （10—12 月）
社区参与巡护监测方案及实施			√	√		
社区宣传教育（节日/宣传板/海报……）			√			√
培秀村村规民约的更新			√			

二、元宝山自然保护区培秀村社区共管委员会分工

培秀村为社区共管各项活动的实施主体和具体的执行方，元宝山保护区为社区共管活动的资助方与实施方，FFI 为社区共管活动的资助方、技术支持方与协调者。

表2　元宝山保护区培秀村社区共管工作计划分工

具体活动	主要执行	协助执行	备忘
社区共管委员会季度会议	培秀村、元宝山保护区	FFI	
共管委员会及相关制度的建立/修订	培秀村、元宝山保护区	FFI	
社区共管知识培训	元宝山保护区	FFI	
社区共管会议（管理机制—执行、监督、反馈）	培秀村、元宝山保护区	FFI	
生态旅游社区向导培训及旅游接待培训	元宝山保护区	FFI	
各类实用技术培训［林下产品的可持续利用，如重阳笋（火烧笋）、石岩茶、水苔、野田七、石围、黄姜等］，并制定技术规范	元宝山保护区	FFI	
外出参观考察交流	元宝山保护区	FFI	

（续上表）

具体活动	主要执行	协助执行	备忘
社区参与巡护监测方案及实施	培秀村	元宝山自然保护区、FFI	
社区宣传教育（节日/宣传板/海报……）	培秀村、元宝山自然保护区	FFI	
培秀村村规民约的更新	培秀村	元宝山自然保护区	

后　记

　　本书是由我的博士学位论文修改而成，也是我的第一本专著。付梓之际，回首往昔，心中感慨万分。我花了 29 年的时间从河南南部的一个小山村走到今天的大学讲堂，在这过程中遇到了很多给予我教诲和帮助的良师益友。

　　感谢恩师孙九霞教授给予机会，将我收入门下。对社会组织的关注实际上是"孙门"研究的某种延续。早在 2004 年，孙老师就注意到了这一群体。2016 年因为某种契机，当社会组织再度进入研究视野时，恩师便建议我的博士学位论文聚焦旅游中的社会组织。正是因为恩师敏锐的学术洞察力，以及在文献阅读、田野调查、论文发表等方面对我的严格、系统的学术训练，才使得本书有机会呈现在读者面前。孙老师无论为人处世还是做研究都是我学习的榜样。

　　感谢中山大学旅游学院的其他师生。保继刚教授对研究问题意识的强调使我终生受益，预答辩时刘云刚老师、饶勇老师、杨云老师、翁时秀老师提出清晰而具体的意见使论文得到了很大的提升。可爱的"孙门"小伙伴在一次次读书会上的无私分享，帮助我拓展了学术视野。"小蘑菇屯"群里的同窗好友相处甚欢，珠海办公室留下了我们的欢歌笑语。

　　感谢我的硕士导师孙天胜教授。"人生如登山，往上爬才有更好的风景。"没有孙老师的鼓励和支持，便不会有今日的我。

　　感谢本书调研过程中遇到的所有受访者，他们为我们讲述了鲜活的村庄故事，使论文最终有血有肉。

　　感谢中山大学出版社的副社长徐诗荣、责任编辑杨文泉和有关人员为本书出版付出的辛勤劳动。

　　感谢我的老爸老妈，他们不善表达，拥有不多，却一直尽自己最大努力给孩子最好的。感谢先生喻超在求学路上的温柔相伴，愿我可爱的小洋芋宝贝长安宁、多喜乐。

　　由于学识所限，书中难免存在着一些缺点和错误，恭请读者批评指正。

杨　莹

2023 年 2 月